山东省普通国省道指路标志调整工作实施技术细则

Technical Instructions on the Implementation of the National and Provincial Road Guide Signs Adjustment in Shandong Province

（试行）

主编单位：山东省交通运输厅公路局
山东省交通规划设计院

人民交通出版社股份有限公司
China Communications Press Co.,Ltd.

图书在版编目(CIP)数据

山东省普通国省道指路标志调整工作实施技术细则：试行／山东省交通运输厅公路局，山东省交通规划设计院主编. —北京：人民交通出版社股份有限公司，2019.2

ISBN 978-7-114-15320-4

Ⅰ.①山… Ⅱ.①山… ②山… Ⅲ.①国道—公路标志—调整—细则—山东②地方道路—公路标志—调整—细则—山东 Ⅳ.①U491.5

中国版本图书馆 CIP 数据核字(2019)第 008772 号

书　　名：**山东省普通国省道指路标志调整工作实施技术细则**(试行)
著 作 者：山东省交通运输厅公路局
山东省交通规划设计院
责任编辑：黎小东
责任校对：刘　芹
责任印制：张　凯
出版发行：人民交通出版社股份有限公司
地　　址：(100011)北京市朝阳区安定门外外馆斜街 3 号
网　　址：http：//www.ccpress.com.cn
销售电话：(010)59757973
总 经 销：人民交通出版社股份有限公司发行部
经　　销：各地新华书店
印　　刷：北京市密东印刷有限公司
开　　本：880×1230　1/16
印　　张：4.75
字　　数：102 千
版　　次：2019 年 2 月　第 1 版
印　　次：2019 年 2 月　第 1 次印刷
书　　号：ISBN 978-7-114-15320-4
定　　价：80.00 元

前　言

根据《国家公路网规划（2013 年—2030 年）》和《山东省高速公路网中长期规划（2014—2030 年）》，为加快构建综合交通运输体系，服务经济文化强省建设，围绕山东省“两区一圈一带”区域发展新格局，产业转型升级和新型城镇化建设，构建覆盖广泛、能力充分、衔接顺畅、安全可靠的普通国省道网络，山东省交通运输厅于 2015 年 8 月编制了《山东省普通省道路线调整方案（2015—2030 年）》。调整方案体现了山东省发展综合交通运输的战略方针，是指导全省普通国省道科学发展的纲领性文件。

为规范和统一山东省普通国省道路网建设实施过程中相关交通标志的调整工作，更好地为标志调整更换工作提供技术支撑，山东省交通运输厅公路局组织编制了《山东省普通国省道指路标志调整工作实施技术细则（试行）》（以下简称《细则》）。本《细则》充分吸收了国内外的先进经验和技术成果，经过了多次方案比选和专家论证，努力使山东省普通国省道路网相关交通标志的设置更加贴近公路使用者的需求，进一步提高山东省普通国省道路网的服务水平。

由于时间关系，《细则》中难免存在不足之处，请各地将执行过程中发现的问题或建议及时向山东省交通规划设计院（地址：济南市无影山西路 576 号，邮编：250031）反映，以便进一步修改完善。

主编单位：山东省交通运输厅公路局
山东省交通规划设计院

主要起草人：

山东省交通运输厅公路局：周玉波　曲建波　刘卫民　马晓燕　余　波
焦鹏飞　黄　炜　陈　博　李　颖　袁春健
孙　杰　刘　晓　李增光　李传杰　景　峰
常正强　于先伟　王明华　黄绍锋

山东省交通规划设计院：房培阳　张军方　毕玉峰　刘庆元　王延锋
刘振广　秦　瑾　刘建国　赵　迪　王晓玉
张慧铭　陈　泽　张玉珂

主要审查人：于培科　张瑞华　李英勇　葛书芳　郑　昊　李克山　罗　青
姜　明　尚　勇　范成君　文鹏兵

目　次

1　总则

1.1　编制目的

为统一和规范山东省普通国省道路网的路线命名和编号，形成标识清晰、视认方便的普通国省道命名和编号体系，使交通标志的设置更加科学、规范、系统，更好地满足公路用户的出行需求，适应公路网络化的发展趋势，充分发挥公路网络的交通调节作用，促进公路运输的安全与畅通，制定《山东省普通国省道指路标志调整工作实施技术细则（试行）》（以下简称《细则》）。

1.2　适用范围

1.2.1　本《细则》适用于山东省普通国省道路网相关标志（如指路标志、里程碑和百米桩等）的调整和设置工作，其他县乡公路相关的系列标志可参照执行。

1.2.2　本《细则》发布前已实施的与山东省国省道公路命名和编号相关的交通标志，应根据本《细则》的规定进行调整，对设置不合理的其他交通标志也应结合具体的公路、交通、环境条件予以更换。更换应坚持经济实用的原则，避免造成浪费。

1.2.3　尚未实施的相关标志，应按本《细则》的规定进行设计；已完成设计的，应进行变更设计。

1.3　总体设置

1.3.1　设置原则

1　山东省普通国省道路网的命名和编号应符合《山东省普通省道路线调整方案(2015—2030 年)》的规定。

2　普通国省道穿城路段应根据本《细则》调整、增设相关指路标志中的路线编号及相关内容；普通国省道穿城路段已经改为城市道路且不在普通国省道路网内的道路，应协调城市道路管理部门调整相关指路标志中的路线编号及相关内容。

对于调整后移出普通国省道路网的公路，如该路段已纳入县、乡道，应协调相关管理部门按照调整后的县、乡道命名和编号体系进行调整更换；如该路段定位暂不明确，应调整相关指路标志，遮住路线名称和编号。

3　从路网一体化的角度进行相关交通标志的设置，实现普通国省道路网和其他公路与城市道路之间的有效衔接指引，并明确各自路权。

4　应尽量考虑采用原有支撑结构，通过更换标志板、贴膜等改造方式降低工程造价，对于因尺寸问题而拆除的标志板，经检测后满足相关指标的应考虑二次利用。

1.3.2　设置理念

1　统一性、一致性、连续性。同一条普通国省道的标志设置原则和标准应保持一致；同一相关标志在版面布置、版面尺寸等方面宜保持统一，以方便驾驶人视认；相关标志各版面信息之间应保持一致性。如国省道路口多个方向的信息应保持一致，并且和前后控制点相匹配；相关标志信息应保证连续性，给驾驶人以持续的交通指引，避免出现信息不连续或信息中断。交通标志与标线传达的信息不应矛盾，功能应相辅相成，互相补充。

2　标准化、规范化、图形化。相关标志的设置应满足现行《道路交通标志和标线》（GB 5768）和《公路交通标志和标线设置规范》（JTG D82）等相关要求，并兼顾地方标准的要求；设计良好的图形标志较单纯文字类标志更容易识别和理解，特别是对于复杂立交、环岛、多方向路口，设置图形化标志能够实现对驾驶人更好的指引。

3　系统化、网络化、协同化。相关标志之间存在密切关系，共同构成了普通国省道路网指路系统。应从整个交通标志系统的角度出发进行设置，提升交通标志系统功能的发挥；普通国省道的网络化特征要求设置交通标志时，应充分考虑路网中不同公路的功能、技术状况和交通条件，以利于交通流的疏导；普通国省道相关标志的系统化和网络化，决定了某一标志的设置和变更，会关联到路网中其他标志的设置与变更，需要协同管理，以保证交通标志设置的系统化和网络化。

1.4　与相关标准、规范的关系

1.4.1　本《细则》按照国家和行业标准规范中的有关规定，结合山东省实际情况，对普通国省道交通标志的设置进行了明确化和具体化，并提供示例进行详细阐释。《细则》中所涉及交通标志的颜色、形状、线条、字符、图形、尺寸等，应按照现行《道路交通标志和标线》（GB 5768）和《公路交通标志和标线设置规范》（JTG D82）的规定执行。

1.4.2　本《细则》在编写过程中，考虑了与国家和行业相关标准规范的关系，在普通国省道路网相关标志调整工作中，应加以正确处理：

1　现行《道路交通标志和标线》（GB 5768）规定了交通标志和标线的分类，以及交通标志和标线设计、制造、设置、施工的基本要求。本《细则》以该国标的规定作为基本依据，同时结合《山东省普通省道路线调整方案（2015—2030 年）》的规定，以及近年来山东省普通国省道交通标志设置方面的研究、实践成果和普通国省道的特点，对部分内容作了一定的补充和完善。

2　现行《公路交通标志和标线设置规范》（JTG D82）和《公路交通标志和标线设置手册》全面规定了交通标志和标线设置体系、版面布置、设置位置和支撑方式。针对公路等级提出了交通标志的设置原则和方法。本《细则》以上述规范及手册作为依据。

2 实施步骤

2.1 普通国省道路网路线梳理及里程统计

2.1.1 各市应首先对辖区内已建和在建的普通国省道根据山东省交通运输厅印发的《山东省普通国省道路网里程桩号传递方案》进行梳理，内容包括起终点、走向、里程长度、桩号、长短链、重复路段等，明确本次交通标志更换工作的范围。

2.1.2 各市应在《山东省普通国省道路网里程桩号传递方案》的基础上，尽快确定本市普通公路的命名和编号方案，相关标志更换工作宜与山东省普通国省道路网同步进行。

2.2 基础资料收集

普通国省道路网各项目建设的不同阶段，开展交通标志调整工作需要收集的基础资料有所不同。尚未进行标志设计的项目，应收集道路的基础设计资料并按照本《细则》及最新的标准规范进行设计；对于已经完成标志设计的项目，应收集道路基础设计资料及原设计文件，对相关标志进行变更设计；已经完成标志施工并投入使用的项目，收集资料的工作较复杂。

本节主要介绍已通车国省道公路交通标志调整工作需要收集的资料清单，正在设计或已完成设计的项目，可作为参考。

2.2.1 与现状相关的基础图纸及技术资料

1 交通标志设计竣工图（含与普通国省道交叉公路的交叉口），其中应包括：

1）交通标志布设一览表；

2）交通标志版面设计图；

3）交通标志结构设计图；

4）交通标志平面布设图。

2 由于各种原因进行标志改造的竣工图（包括互通式立交的增减及路线的变更），包含内容同上。

3 临时性标志修改的相关图纸，包含内容同上。

4 公路沿线交通标志设置情况的照片和录像资料。

通过照片和录像资料与设计、改造等相关的竣工图纸相对照，可以确认图纸内容是否与现状相符合。

2.2.2 与普通国省道相连接的路网规划资料

与普通国省道相连接的路网规划资料主要包括：

1 与国省道共线的公路名称和编号；

2 相交公路与城市道路的基本情况，包括路线名称和编号、行政等级、技术等级等；

3 互通式立体交叉的形式、重要平面交叉的形式等；

4 较详细的国省道公路主线及相关路网的地图资料等。

2.2.3 普通国省道命名和编号资料

普通国省道命名和编号资料主要包括标准和图纸。

2.2.4 普通国省道主体路线的变更资料

普通国省道主体路线的变更资料主要包括：

1 路线的变更等；

2 互通式立体交叉、重要平面交叉的变更等。

以上两项内容如果已经反映到交通标志竣工图、标志改造竣工图或其他标志设置的文件中，则无须单独提供。

2.2.5 普通国省道沿线情况资料

普通国省道沿线情况资料，主要包括：

1 沿线的城镇、乡村等的分布；

2 沿线重要的服务设施、加油站等的分布；

3 沿线重要的交通枢纽等。

资料收集时，需要体现在相关标志上的信息包括但不限于以上几类。

2.3 现状指路标志评估

2.3.1 指路标志设置实际情况

对现场交通标志的使用情况进行实地调研，采集公路沿线交通标志设置情况的照片和视频资料，确认是否与收集的基础资料相吻合。

2.3.2 收集意见和建议

实地调研过程中，应充分听取驾驶人、公路运营养护和管理部门，以及公安交通管理部门等各方面对现状交通标志设置的意见，对发现的问题应进行重点评价。

搜集相关因指路信息引发的投诉、交通事故等信息。

2.3.3 现状综合评价

根据现行《公路项目安全性评价规范》（JTG B05）的规定，从驾驶人需求、交通状况、路网情况、环境条件、事故分析等方面进行综合评价，为交通标志的调整提供依据。主要评价内容应包括：

1 现场对交通标志的设置效果和位置进行评价；

2 根据路网情况和实地驾驶状况，对交通标志信息的准确性和连续性、控制性信息的选取进行评价；

3 对交通标志的信息量进行评价；

4 对标志版面的规范符合性进行评价，包括字体、字高、图案、反光膜效果等；

5 对交通标志与对应标线的一致性进行评价；

6 评价树木、边坡绿化、构筑物、广告牌等对交通标志视认效果的影响；

7 根据实地驾驶情况评价交通标志在夜间的视认效果。

2.4 设计方案确定

2.4.1 尚未进行标志建设的普通国省道，应按本《细则》的规定进行设计或变更设计。

2.4.2 需要进行标志更换的普通国省道，应结合基础数据进行深入分析，制订实施方案，并进行经济技术分析，最终确定标志调整工作的设计方案。

确定设计方案时，应对现有的标志版面设计进行全面考察，在满足本《细则》及相关标准规范的前提下，尽量利用原有的标志结构及板面；不能利用原有结构或板面的，应考虑将结构或板面利用在其他标志上，以节约投资。

2.5 工程施工、验收

为避免工程实施影响公众出行，相邻市和本市内部应加强协调和领导，保证更换工作基本同步进行。可采用设置信息板、发放宣传材料、印刷最新地图等措施，并加强交通疏导，避免由于标志调整引发交通事故。

工程施工和质量验收应符合现行《公路交通安全设施施工技术规范》（JTG F71）和本《细则》的规定。施工单位应建立质量管理体系，确保工程质量；严格施工现场管理，合理布设施工作业区，做好交通组织管理工作，保证交通安全及现场施工人员的安全。

2.6 工程实施效果评价

应适时对工程的施工方法进行总结完善，并调查工程实施后驾驶人对标志实施效果的反应，以及对标志更换工作实施的意见，对工程实施效果进行客观评价，为完善与交通标志相关的技术标准提供依据。

3 基本规定

3.1 基准点选取

3.1.1 指路标志版面中的距离指其所在位置与计算基准点的距离。计算基准点的选取方法如下：

1 当指示信息为一般道路时，若所指示道路与当前公路直接相交，则以平面交叉作为计算基准点；若通过其他道路相连，则以连接道路与所指示道路的平面交叉作为基准点。

2 当指示信息为高速公路或城市快速路时，以一般道路与高速公路、城市快速路的连接线平面交叉或减速车道渐变段起点作为计算基准点。

3 当指示信息为地区信息时，若为有环线的大城市，则以中心环线的入口作为计算基准点；若为无环线的大城市，中、小城市（区、县），或乡村，则以中心区（老城区）或政府所在地作为计算基准点。各市地区信息选取的计算基准点详见附录D。

4 当指示信息为旅游景区、交通枢纽等较大型重要地物时，以距其建筑物本身或外围大门最近的平面交叉作为计算基准点。

5 距离宜以1km为单位，不满整数时四舍五入。确需采用非整公里值的，应以米（m）为单位。

3.1.2 普通国省道互通式立体交叉及服务区、停车区、停车场等沿线设施指路标志设置的基准点，根据其结构可分为前、后两个基准点：

1 减速车道为直接式或平行式时，可以其渐变段起点作为前基准点，如图3.1-1所示。

2 加速车道为平行式或直接式时，可以其渐变段终点作为后基准点，如图3.1-2所示。

3.1.3 普通国省道主线设置的指路标志所显示的“距离”，应指其与相关平面交叉、互通式立体交叉或服务区、停车区、停车场等沿线设施的前基准点的间距。

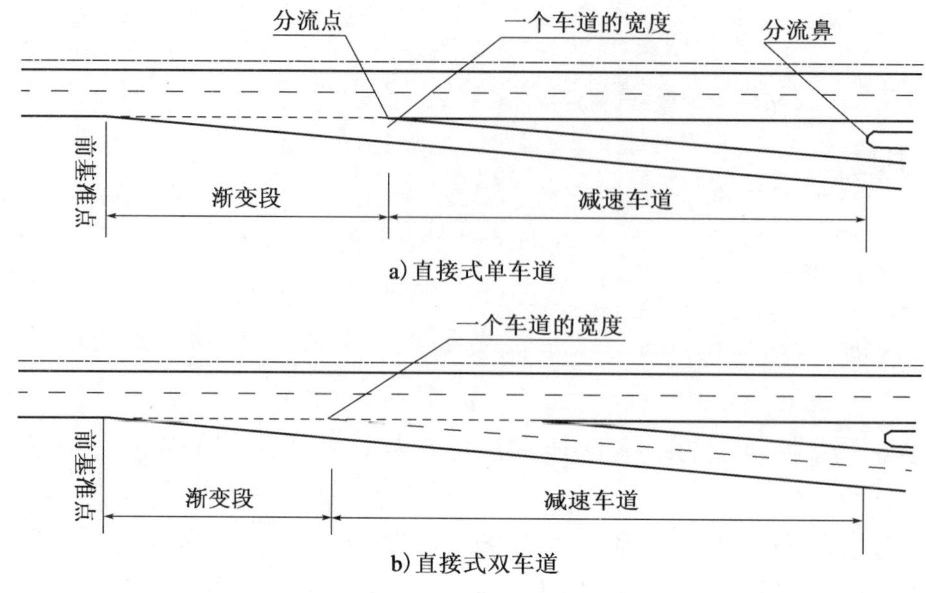

图 3.1-1　互通式立体交叉、服务区、停车区的前基准点

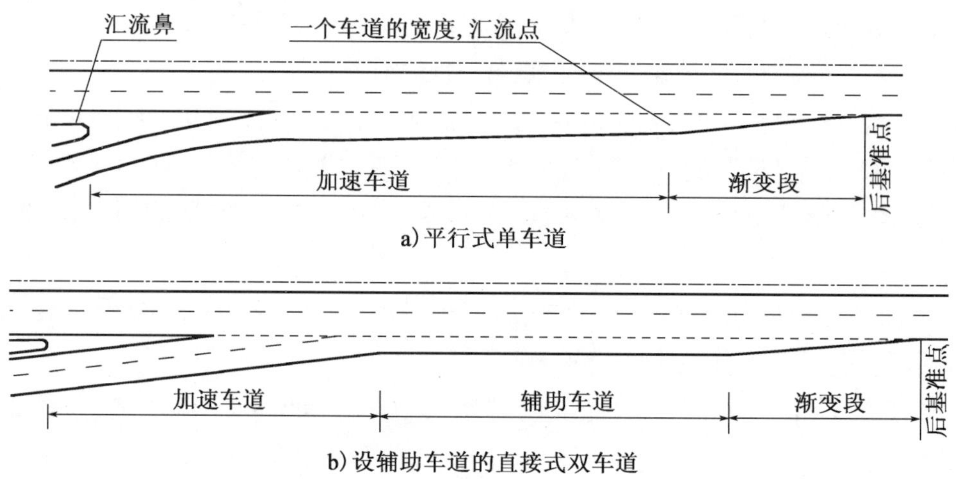

图 3.1-2　互通式立体交叉、服务区、停车区的后基准点

3.2　“市区”或“城区”信息

交通标志中的“市区”或“城区”，宜指传统意义的主城区或城市环线所包围的区域。

3.3　设置位置

3.3.1　标志的设置位置应考虑公路宽度、车辆运行速度、驾驶人的反应能力等因素确定。

3.3.2 除特殊情况外，交通标志应设置在车辆前进方向的车行道上方或右侧。对于单向车道数大于或等于3条、大型车辆较多、交通量较大等路段，可在中央分隔带重复设置。交通标志的设置不得影响公路的停车视距。

3.3.3 设置标志时应选择合适的结构，以避免被其他构造物（建筑、互通、机电设施等）遮挡。

3.3.4 原则上应避免不同种类的标志并设。如条件限制无法单独设置时，应按禁令、指示、警告的顺序，先上后下、先左后右排列，其中禁令标志不得与指路标志合并设置。

3.3.5 交通标志应避免相互遮挡。设计速度大于或等于80km/h的公路与城市道路交通标志之间的间隔不宜小于60m，其他公路与城市道路交通标志之间的间隔不宜小于30m。如必须在保持最小间隔的标志之间增设新的标志，则应采用互不遮挡的支撑结构形式。

3.3.6 安装在同一支撑结构上的标志不应超过4个。

3.3.7 公路相关标志应设置于容易视认的位置，并应保证足够的视认距离。

3.3.8 设置在路侧安全净区范围内的标志，应采用解体消能结构或设置护栏加以防护。

3.3.9 公路相关标志的任何部分不得侵入公路建筑限界内，并应符合下列规定：

1 路侧柱式交通标志的安装高度应考虑其板面规格、所在位置的线形特点和地形特征等因素，根据表3.3-1的规定选取。在积雪地区，标志净空高度应留有压实雪层厚度的余量。

表3.3-1 标志板下缘距路面的高度（cm）

标志分类		路侧柱式、附着式	悬臂式、门架式、高架附着式
主标志	警告标志	160～250①	≥500
	禁令标志	160～250①	
	指示标志	160～250①	
	指路标志	160～250①	
辅助标志		应符合公路建筑限界的要求②	

注：①选择高度值时，可根据标志所在位置的现场条件及板面规格确定。如上坡路段可取下限值，下坡路段可取上限值，其他路段可取中值。板面较高时，可取下限值。

②主标志的安装高度应考虑辅助标志也能满足公路建筑限界的要求。

2 柱式标志板的内边缘、悬臂式标志和门架式标志的立柱内边缘距土路肩边缘线的距离不应小于25cm。悬臂、门架式等悬空标志净空高度应预留20～50cm的余量。

设置于中央分隔带上的交通标志板或立柱与中央分隔带边缘线的间距，每侧均应大于现行《公路工程技术标准》（JTG B01）中*C*值的规定。设置于桥梁上的交通标志如受空间条件的限制，其立柱可以落在混凝土护栏上，但应进行必要的防护。

3.3.10 交通标志安装时，标志板面的法线应与公路中心线平行或成一定角度，路侧安装的禁令标志和指示标志为0°～45°，指路标志和警告标志为0°～10°。悬臂式、门架式或附着式悬空标志安装时，标志的安装角度应与公路中心线垂直或前倾0°～10°。

3.4 支撑方式

3.4.1 交通标志的支撑方式可分为柱式、悬臂式、门架式和附着式四种。

3.4.2 标志支撑方式应根据交通量、车型构成、车道数、风荷载大小以及路侧条件等因素综合确定，并应符合下列规定：

1 标志如被路侧绿化或其他设施遮挡，应采用悬臂式支撑方式；被交路标志支撑方式根据被交路实际情况选用。

2 大型车比例很大或车道数较多的公路，指路标志宜选用悬臂式或门架式结构。

3 公路沿线设置有上跨天桥等构造物时，在满足公路建筑限界及受力要求的前提下，可采用附着式支撑方式。

3.5 材料要求

3.5.1 反光材料

1 交通标志反光膜均应符合现行《道路交通反光膜》（GB/T 18833）的规定。警告标志的底色可采用黄色、荧光黄色或荧光黄绿色。

2 实际交通流量较大的公路，宜采用更高等级的反光膜。

3 门架、悬臂式等悬空类交通标志，宜采用比路侧交通标志等级高的反光膜。

4 在保证均匀性和条件容许时，可采用照明或发光二极管增加重要标志的视认效果，如出口预告标志、位于隧道内的出口预告标志等。

3.5.2 标志板

小型交通标志板（$<1.5\text{m}^2$）的材料可采用玻璃钢、铝塑板等材料。大型标志板应采用铝合金板。相关铝构件应满足现行《道路交通标志板及支撑件》（GB/T 23827）、《一般工业用铝及铝合金板、带材》（GB/T 3880）的规定。

3.5.3 支撑结构

1 交通标志立柱、横梁等可采用钢管、H型钢、槽钢等材料制作，钢管顶端应设置柱帽。钢构件应进行防腐处理。

2 标志应设置钢筋混凝土基础，位于桥梁段的单柱式标志可采用钢结构附着于桥梁上。标志基础上部应采用素混凝土做包封处理。设置在桥梁上或隧道内的标志应预留预埋标志基础，其设计应考虑交通运行需求，并符合现行《公路桥涵设计通用规范》（JTG D60）、《公路桥涵地基与基础设计规范》（JTG D63）等的规定。桥梁或隧道长度较长时，应适当增加预留预埋的冗余。

3.6 结构设计

3.6.1 交通标志支撑方式确定后，应对同一支撑结构类型的标志进行合理分组，并尽量减少不同支撑结构的材料规格类型。

3.6.2 设计基本风速应采用重现期为50年10min平均最大风速值（当地平坦空旷地面，距地面10m高），并不得小于22m/s，风荷载标准值应根据现行《公路桥梁抗风设计规范》（JTG/T D60-01）的规定，合理选取风荷载等作用值，进行结构设计及验算。

3.6.3 交通标志结构应按承载能力极限状态和正常使用极限状态进行设计，并应同时满足构造和工艺方面的要求。

3.6.4 交通标志的结构重要性系数可分为两个等级：

1 位于一级公路上的悬臂式、门架式交通标志，结构重要性系数 $\gamma_0 = 1.0$；

2 位于一级公路上的其他类型的交通标志及位于其他等级公路上的交通标志，结构重要性系数 $\gamma_0 = 0.9$。

3.6.5 交通标志结构的荷载计算与组合、极限状态设计方法、地基基础的设计应符合现行《公路桥涵设计通用规范》（JTG D60）、《公路桥涵地基与基础设计规范》（JTG D63）、《钢结构设计标准》（GB 50017）和《道路交通标志和标线》（GB 5768）等的规定。

3.6.6 交通标志位于桥梁和隧道段时，应验算交通标志对结构物所产生的力学影响，必要时应对桥梁和隧道进行补强设计。

3.7 交通标志字体

1 路径指引标志应采用汉字，其中地点信息除著名地区、景点等外可不设置拼音、英文。

2　整体更换反光膜及新增版面的交通标志中的中、英文和阿拉伯数字应采用交通标志专用字体，交通标志字体共分为 A、B 和 C 三种类型，各种类型的字体使用应符合《国家公路网交通标志调整工作技术指南》（交办公路〔2017〕167 号）中的相关规定。

3　局部更换反光膜的交通标志仍可采用原字体。

4 调整内容

本章规定了已通车普通国省道交通标志的具体调整内容，明确了其适用范围，具体见表4.0-1。

表4.0-1 交通标志调整内容和适用范围

序号	交通标志调整内容	已通车普通国省道
1	交通标志专用字体、基准点选取、版面布置、图案使用和“市区”“城区”信息等内容	可选项
2	公路命名和编号标志	必选项
3	与里程传递相关的交通标志	必选项
4	调整现有交叉口告知、预告标志指路信息	必选项
5	按照《国家公路网交通标志调整工作技术指南》规定增设的交叉口预告标志	可选项
6	新增地点距离标志	可选项
7	告示标志、著名地点标志	可选项
8	旅游区标志	可选项

注：1.“必选项”为必须进行调整的内容，“可选项”为根据实际情况对路网特征、事故情况和经济投入等进行综合论证后可进行调整的内容，也可结合公路大、中修工程的安排进行调整。

2. 新建或改扩建公路，以及已完成设计但尚未通车的公路根据现行标准、规范和《国家公路网交通标志调整工作技术指南》执行。

5　指路标志设置方法

5.1　指路标志调整基本流程

山东省普通国省道指路标志调整的基本流程如图5.1-1所示。

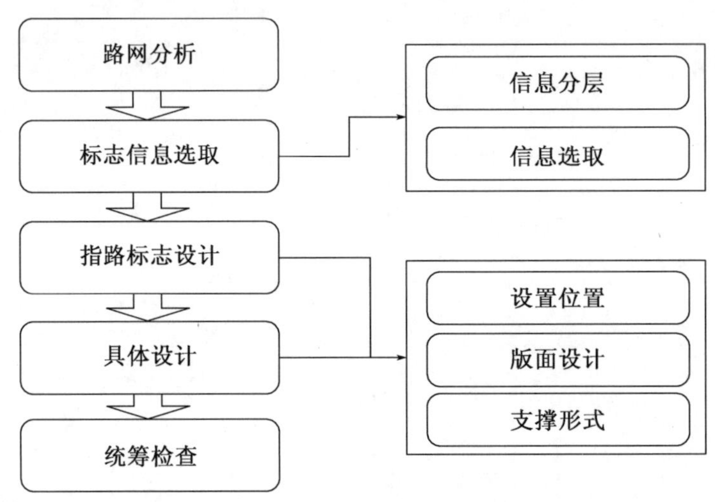

图5.1-1　普通国省道指路标志调整的基本流程

5.2　路网分析

普通国省道公路网指路标志调整的设计，首先应深入了解该路段所处的路网现状，熟悉该路网中的高速公路、国省道、城市主干道等重要道路的情况，熟悉路网中路线交叉的情况。指路标志的设置要充分考虑其在路网中的位置、作用及与其他道路的关系。

5.3　相关影响因素分析

普通国省道路网指路标志调整的设计，还应考虑下列影响因素：

1　驾驶人的信息需求

驾驶人在正常行驶路段需要车辆的当前位置及前行方向的信息，以及采取制动、加速和转向等行动的反馈信息。在进入山东省普通国省道后，交通标志可为不熟悉周围路网体系，但对行驶路线做出合理规划的公路使用者提供行驶路径指引、合理行驶速度等信息。

2　标志的认知过程

交通标志的实质是向驾驶人或其他公路使用者传递信息。在行车过程中，驾驶人对交通标志的认知过程分为：觉察—识别—认读理解—决策—动作反应五个阶段。在此过程中需要花费一定时间，并行驶一定的距离，如图 5.3-1 所示。

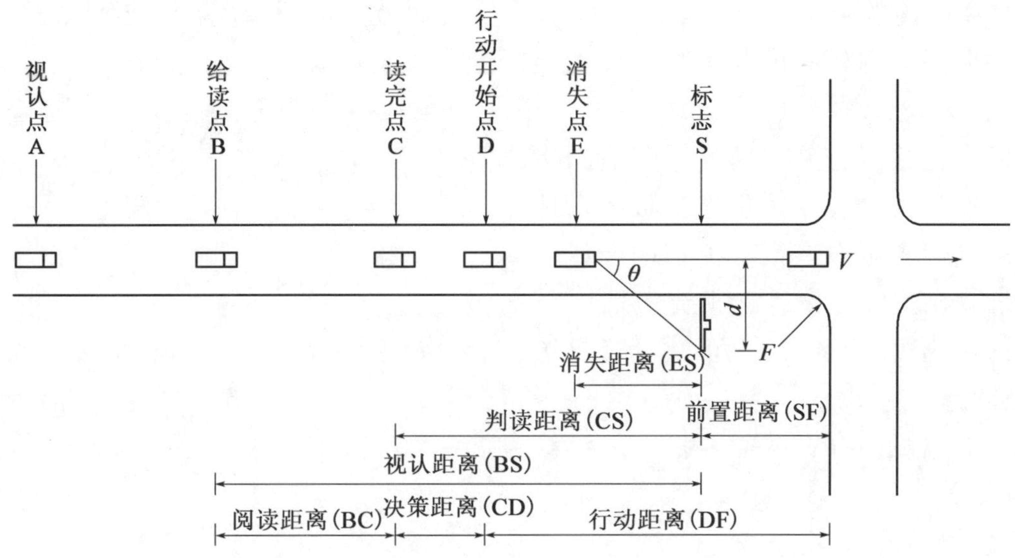

图 5.3-1　交通标志的认知过程

3　交通组成

交通组成是指各种车型在交通流中所占的比率。大小和重量不同的车辆具有不同的行驶特性，对相关标志的需求也不相同。

4　交通流量

交通流量是指在选定时间段内通过某一地点、某一断面或某一车道的车辆数。相关标志的设置应充分考虑道路的交通流量因素，交通流量因素对于路径指引、标志视认等有很大影响。

5　道路功能

相关标志的设置应充分考虑该道路的建设目的、意义、服务对象等因素，要有利于道路功能的发挥。

6　道路条件

道路条件是指道路的车道数、路基宽度等技术指标，是相关标志设置需要考虑的基本因素。

7　社会环境

社会环境是指道路建设地区所处的社会政治环境、经济环境、法制环境、科技环境、文化环境、卫生环境等综合因素。

8　自然环境

自然环境是指道路所处地区的雨、雪、雾等情况，自然环境条件对相关标志的设置有较大影响。

5.4　指路标志的设计和具体设置

5.4.1　普通国省道路网指路标志调整的设计内容

1　对路段内的互通立交、平面交叉等主要交通节点进行指路标志设计，主要包括：

1）根据涉及的相关道路等级及技术指标配置相关标志；

2）确定标志设置的位置；

3）根据相关标志分层情况选取适当指路信息；

4）根据相关标志的信息进行版面设计；

5）根据标志版面进行支撑结构设计。

2　路段相关标志设计，主要包括：

1）针对路段上存在的火车站、飞机场、港口及旅游景区（符合相关设置要求）等设置相关标志；

2）针对路段上存在的需要指示的沿线设施（如服务区、停车区、观景台、加油站等）设置相关标志；

3）设置里程碑、分界标志。

5.4.2　普通国省道路网指路标志调整的具体设置

1　根据道路现状对标志支撑方式、设置位置进行调整，以达到最佳效果；

2　与现有其他标志进行配合使用，以达到一致和互相协调。

5.5　统筹检查

完成以上步骤，将设计路段放在整个路网中，统筹检查相关标志的设置是否可行、合理。检查的内容主要包括以下几方面：

1　相关标志信息分层选取的合理性；

2　平面交叉相关标志设置的统筹检查；

3　路段相关标志设置的统筹检查。

6 普通国省道指路标志设置

6.1 指路信息选取的基本原则

1 一致性

交叉路口预告标志、交叉路口告知标志和地点距离标志中选取的信息应一致。如交叉路口告知标志选取“济南”作为远程的控制性信息，地点距离标志也应相应地预告“济南”的距离。

2 连续性

同一条道路指路标志选取的信息应能前后呼应，不应出现中断。

3 层次性

指路标志的服务对象是对路网不熟悉但对出行有所规划的公路使用者，指路标志选取的信息应兼顾近途与远途公路使用者的需求。

4 系统性

从路网的角度选取信息，避免重地点信息、轻路线名称。

6.2 指路标志信息分级与选取

6.2.1 指路信息分级

普通国省道指路标志的信息分级应符合表 6.2-1 的规定。

表 6.2-1 普通国省道指路标志信息分级表

<table>
<tr><th colspan="2">信息类型</th><th>A 层信息</th><th>B 层信息</th><th>C 层信息</th></tr>
<tr><td colspan="2">地区名称信息</td><td>重要地区（直辖市、省会、自治区首府、副省级城市、地级市）[①]</td><td>主要地区（县及县级市）</td><td>一般地区（乡、镇、村）</td></tr>
<tr><td rowspan="4">地点名称信息</td><td>交通枢纽信息</td><td>飞机场、省级火车站、港口、重要交通集散点</td><td>地级火车站、长途汽车总站、大型平面交叉、大型立交桥</td><td>较大型平面交叉</td></tr>
<tr><td>公路编号（名称）</td><td>高速公路、国道编号（名称）</td><td>省道编号（名称）</td><td>县、乡道编号（名称）[②]</td></tr>
<tr><td>文体、旅游信息</td><td>5A 级旅游景区、自然保护区、大型文体设施</td><td>4A 级旅游景点、自然保护区、博物馆、文体场馆</td><td>其他旅游景点、博物馆、纪念馆、文体中心</td></tr>
<tr><td>重要地物信息</td><td>国家级产业基地、省部级政府机关</td><td>省级产业基地、科技园，地级政府机关</td><td>地、县级产业基地，县级政府机关</td></tr>
</table>

注：①直辖市、省会、自治区首府等控制性城市可作为沿线的基准地区。

②县、乡道宜同时标明编号和名称。

6.2.2 指路信息选取

普通国省道交通标志的信息选取如表6.2-2所示，并应符合下列规定：

表6.2-2 普通国省道公路平面交叉指路标志信息选取参考表

主线方向公路行政等级	主线方向标志信息	支线方向标志信息		
		国道	省道	县、乡道
国道	A层、B层	A层、B层	(A层)、B层、(C层)	(B层)、C层
省道	(A层)、B层、(C层)	A层、B层	(A层)、B层、(C层)	(B层)、C层

注：1. 表中各层信息的内容参见表6.2-1。表中不带括号的信息为首选信息；带括号的信息适用于无首选信息时，或根据需要作为第二个信息。
2. 当接近首选信息所指示的地点时，该信息作为第一个信息；如需选取第二个，则仍按本表的顺序筛选。

1 指路标志版面上的信息量应遵循以下原则：

1）一块指路标志版面中，各个方向所指的目的地信息数量之和不宜超过6个；

2）交叉路口预告标志和交叉路口告知标志版面中，一个方向指示的信息数量不宜超过2个；同一方向需选取两个信息时，应在一行或两行内按照信息由近及远的顺序，由左至右或由上至下排列；交叉图形体现本线路的相交状态；整个版面全部信息不宜超过10个，如信息需求超过10个的版面，优先删减被交道路下一目的地信息，如图6.2-1所示。

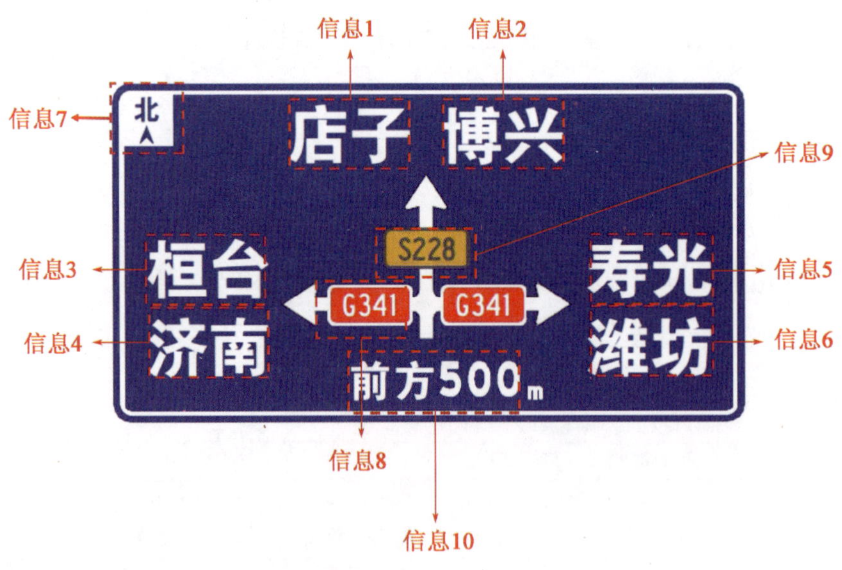

图6.2-1 指路标志版面信息布设示例

若某段道路存在多条普通国省道共线，且标志版面总信息量不超载时，单个方向可选用三个地名，但需谨慎使用。

2 同方向有多个同层信息时，选取方法如下：

1）多个A层或B层同层信息，应首先选择其中距离最近的信息；当有多个信息距离相同时，为避免信息过载，应按表6.2-1的规定优先选取靠前类别的信息；公路编号信息宜与同层地区名称并用，多个A层的地区名称信息，优先选择山东省省会、地级市。

2）有多个C层同层信息时，应综合考虑交通吸引量、经济发展水平等因素，选取其中相对重要的信息。

3）信息选取应因地制宜，如无法按表6.2-1的规定选取相应的信息，可降一层选取信息。必要时也可升一层选取信息。

4）普通国省道共线时，应兼顾两条或多条普通国省道的指路信息。

3 当普通国省道穿越城市并成为城市道路时，信息的选取还需符合城市道路信息选取的规定。

4 同一条路线，其路线走向的控制性信息应保持连续性及一致性。

6.2.3 远程控制性指路地点信息选取原则

对于普通国道，远程控制性地点可为经过市辖区下一地级市，进入该地级市市界后，该地级市提升为中程控制性地点，远程控制性地点改为下一经过市辖区的地级市，控制性地点滚动替换。当中程信息为A层信息时，预告、告知标志对应选取近程和中程信息。对于普通省道，按上述原则以县区B层信息进行控制。沿线若无A层、B层信息可供选取时，可根据具体情况分析，降级选取控制性地点。

本《细则》已梳理出山东省普通国省道的远程控制性地点信息，详见附录C。

6.2.4 城市绕城段指路地点信息选取原则

城市绕城段被交路指路信息不应多个交叉口均指该城市名称，应结合城市路网选取该城市主干道或街道名称，如图6.2-2、图6.2-3所示。

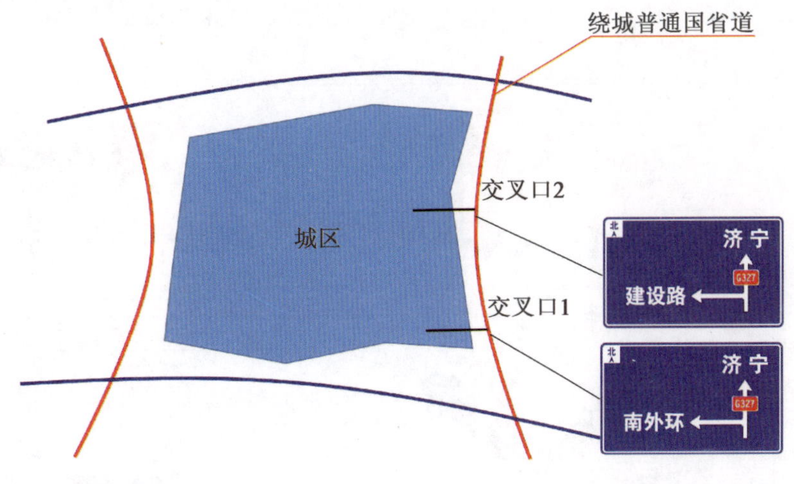

图6.2-2 指向绕城内主干道名的指路标志示例

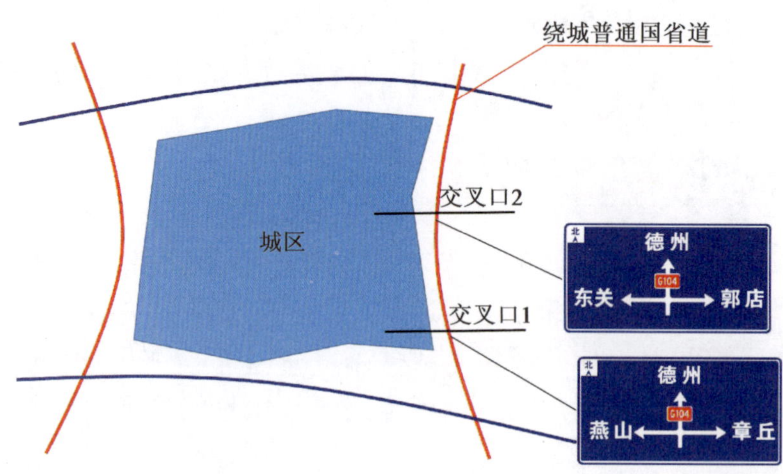

图 6.2-3　指向绕城内街道名的指路标志示例

6.3　指路标志基本版面形式

6.3.1　公路段交叉口指路标志基本版面形式

该类型指路标志中信息的含义遵循以下原则：

1　指路标志的图形选取应简洁、清晰、明了，基本反映交叉口的交叉形状，普通公路上设的平面交叉图形化标志，箭头宜采用曲线箭头，见表 6.3-1 和图 6.3-1。

表 6.3-1　曲线箭头基本版形及适用情形

基本版形		
适用情形	适用于正交十字形交叉口	适用于有专门右转渠化或非正交的 T 形路口
基本版形		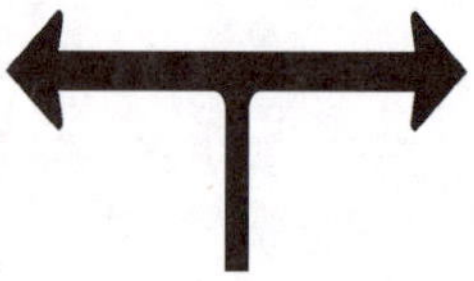
适用情形	适用于正交的 T 形路口	适用于正交的 T 形路口
基本版形	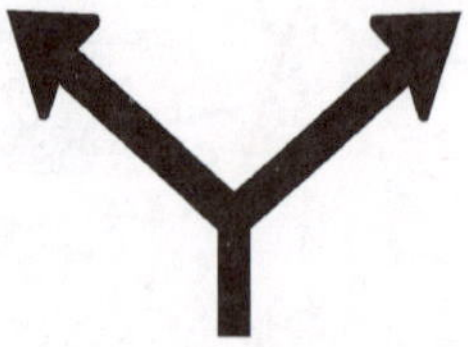	
适用情形	适用于分叉的 Y 形路口	适用于有环岛的正交十字形路口

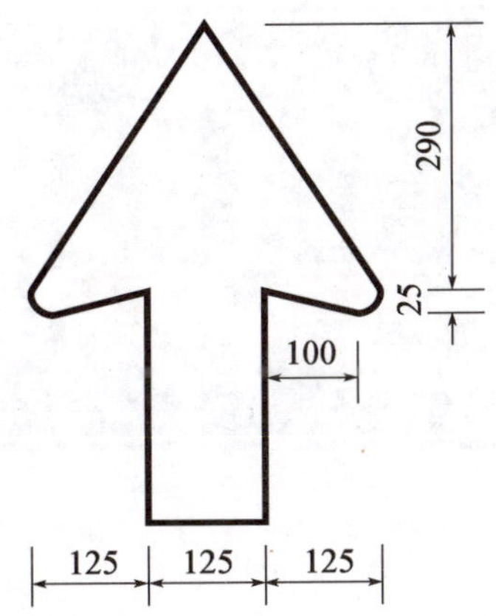

图 6. 3-1　500mm 字高曲线箭头示意（尺寸单位：mm）

2　标识在箭头中的信息为平面交叉内交叉公路的编号。

3　标识在箭头外，箭头所指向的信息为平面交叉各交叉公路所能通达的 A 层、B 层或 C 层的地点、公路编号或名称。

公路段交叉口指路标志基本版形如图 6. 3-2 ~ 图 6. 3-5 所示。

图 6. 3-2　公路段十字交叉口指路标志基本版形

图 6. 3-3　公路段 T 形交叉口指路标志基本版形

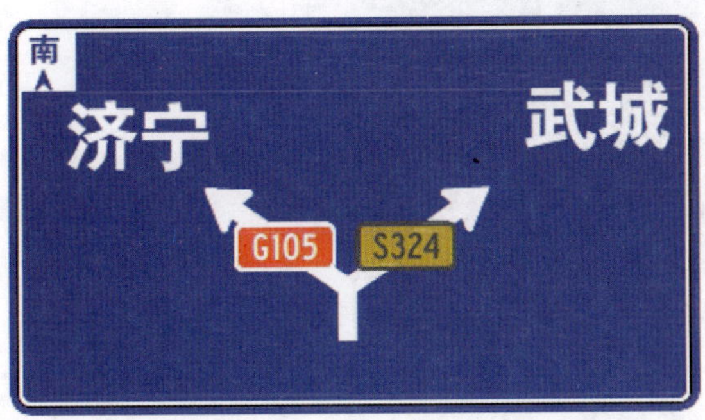

图 6. 3-4　公路段 Y 形交叉口指路标志基本版形

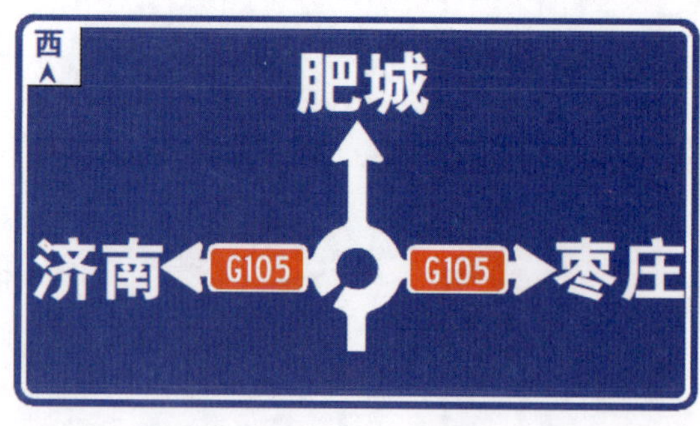

图 6.3-5　公路段环岛交叉口指路标志基本版形

双向两车道及以下的公路，可采用如图 6.3-6 所示较简单的交叉路口告知标志，选取 C 层信息。

图 6.3-6　表格式交叉路口指路标志基本版形

6.3.2　穿城段交叉口指路标志基本版面形式

该类型指路标志中信息的含义遵循以下原则：

1　指路标志的图形选取应简洁、清晰、明了，基本反映交叉口的交叉形状。

2　标识在箭头中的信息为平面交叉内交叉公路的道路名称。

3　标识在箭头外，箭头所指向的信息为平面交叉各交叉公路所能通达被交道路名称、著名地点或名称等。

穿城段交叉口指路标志基本版形如图 6.3-7、图 6.3-8 所示。

图 6.3-7　城市路段十字形交叉口指路标志基本版形

图 6. 3-8　城市路段 T 形交叉口指路标志基本版形

6. 3. 3　非共线路段地点距离标志基本版面形式

采用三行地点距离信息。为了与交叉路口告知标志保持连续性与一致性，地点距离标志指示信息中至少有一个信息应与交叉口告知标志中的信息相呼应。第一行为近程目的地，一般在 A 层、B 层或 C 层中，选取距离当前所在地最近的信息；第三行为指示路线走向的控制性信息；第二行为位于第一行与第三行指示地点之间的 A 层或 B 层信息。

如图 6. 3-9 所示，距离当前所在地最近的信息是与交叉路口告知标志呼应的省道 329，因此，第一行为 B 层信息，第三行为路线控制性信息（徐州），第二行为 B 层信息（曲阜）。

城市道路距离标志主要应用于普通国省道从城市郊区通过并限制出入的路段。地点距离标志上的地点是以“横向道路名称”为主，如图 6. 3-10 所示。这种地点距离标志的第一行是前方第一个相交交叉口的横向道路名称，第二行是沿线前方城市主干道的横向道路名称，第三行宜为道路的远程控制信息。

图 6. 3-9　公路路段地点距离标志基本版形

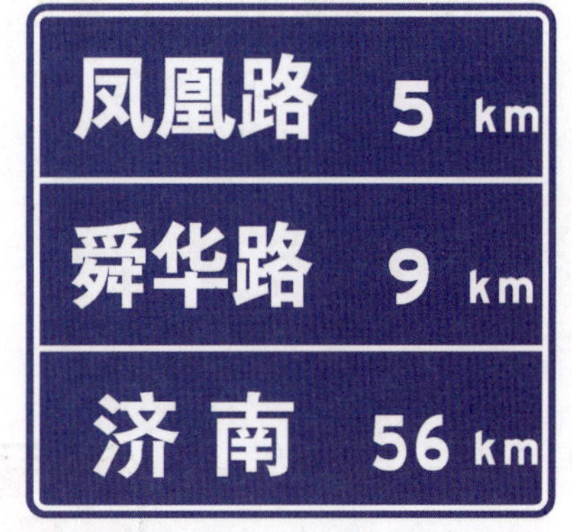

图 6. 3-10　地点距离标志基本版形（穿城路段）

6. 3. 4　普通国省道编号设计细部图

道路编号标识中的字母标识符、数字等字高应根据设计，按表 6. 3-2 中的规定执行。

表 6.3-2　道路编号标志的字母、数字高度（cm）

速度（km/h）	100 ~ 120	71 ~ 99	40 ~ 70	<40
字母	40 ~ 50	35 ~ 40	25 ~ 30	15 ~ 20
数字				

标识在一般道路指路标志箭头杆中的公路编号或道路名称，字高可适当减小，一般取正常字高的 0.5 ~ 0.7 倍，但公路编号或道路名称的汉字高度不应小于 20cm，英文字母和阿拉伯数字高度不应小于 15cm。

本《细则》中列举出几种较为常见的道路编号细部尺寸，如图 6.3.11 ~ 图 6.3-13 所示，仅供参考（图例中黑色边框仅为轮廓线，不作为实际使用）。

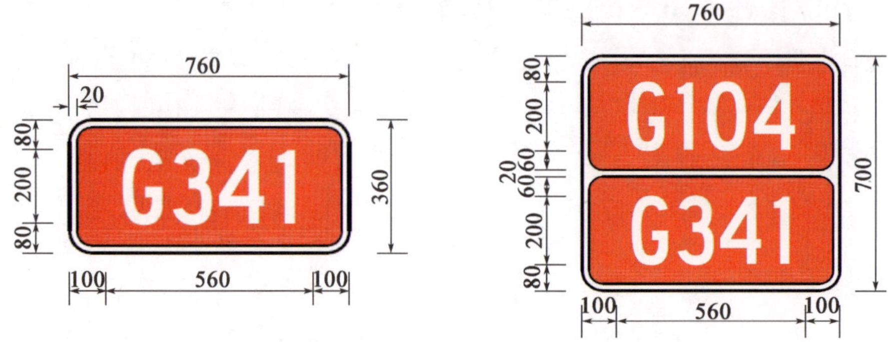

图 6.3-11　箭杆中极限字高 20cm 道路编号设计尺寸（尺寸单位：mm）

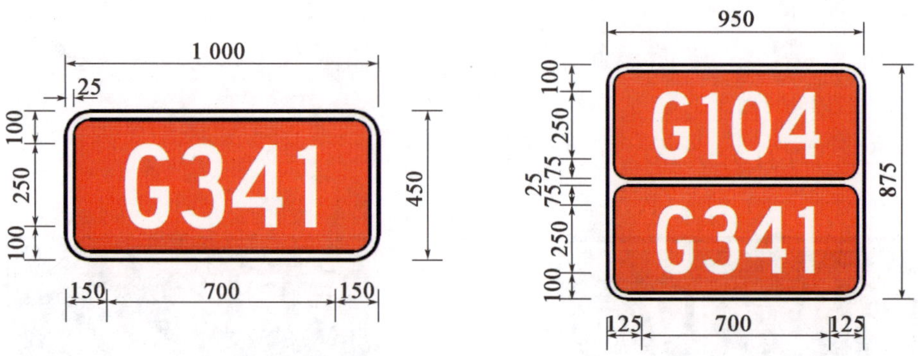

图 6.3-12　箭杆中字高 25cm 道路编号设计尺寸（尺寸单位：mm）

图 6.3-13　指路标志中字高 40cm 道路编号设计尺寸（尺寸单位：mm）

6.4 平面交叉指路标志设置

6.4.1 一般规定

平面交叉口的指路标志参照图 6.4-1 的示例设置。考虑到公路在功能、交通流量、使用者特性等方面的区别，不需要在任何一个平面交叉都配全交叉路口预告标志、交叉路口告知标志和确认标志三种路径指引标志，而应根据相交公路的技术等级和交通量情况，按表 6.4-1 的规定设置相应的路径指引标志。

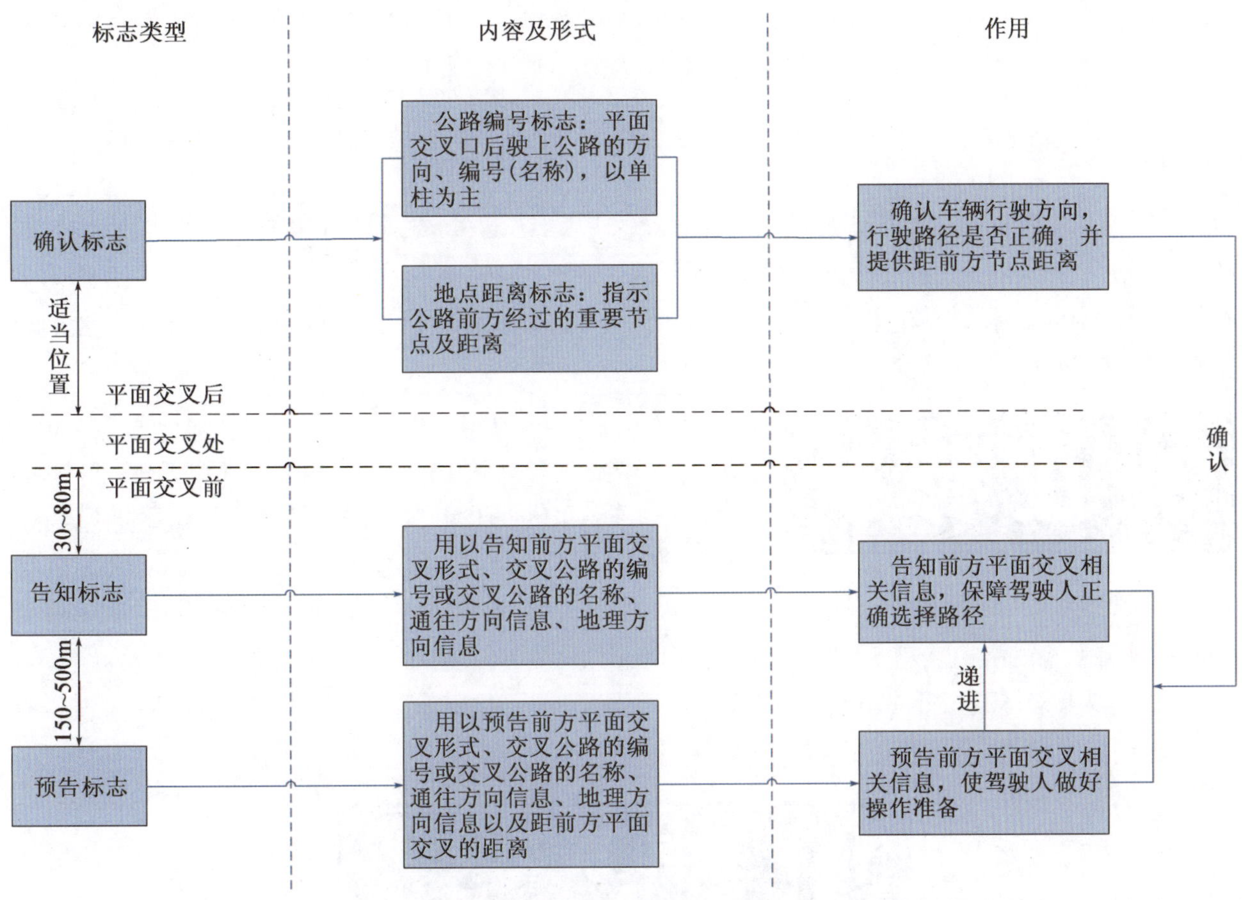

图 6.4-1 平面交叉交通标志设置示例

一级公路与三级公路交叉时，应综合分析三级公路的路网功能，合理确定指路标志的设置规模；若三级公路仅服务于某个独立村镇时，可在一级公路主线上简化设置交叉路口指路标志（图 6.4-2）和确认标志。

表 6.4-1 普通国省道路径指引标志设置

主线公路	被交公路			
	一级公路	二级公路	三级公路	四级公路
一级公路	预 告 确	预 告 确	△预 告 确	告
二级公路	预 告 确	预 告 确	预 告 确	告

续上表

主线公路	被交公路			
	一级公路	二级公路	三级公路	四级公路
三级公路	预 告 确	预 告 确	告 告 确	告
四级公路	预 告 确	预 告 确	告	告

注：预——交叉路口预告标志；
告——交叉路口告知标志；
确——确认标志；
○——国省道或单向双车道及以上的公路应设置的交通标志，其他公路宜设置的交通标志；
◌——在综合分析公路技术等级、设计速度、交通量及车型构成等因素的基础上，根据需要可设置的交通标志；
△——在综合分析公路路网功能的基础上，根据需要可设置的交通标志。

6.4.2 交叉路口预告标志

平面交叉路口预告标志应指明该平面交叉可到达的公路编号（名称）、地区或地点等的名称以及由当前位置至该平面交叉的距离。路线总体走向为东、西、南或北向的顺直路段部分，可在标志的左上角（版面受限时可在右上角）指明方向信息，同时宜通过图案体现该平面交叉的形状。

图 6.4-2 交叉路口指路标志

设计速度≥80km/h的普通国省道应在距交叉路口告知标志前 300～500m 处设置；设计速度＜80km/h的普通国省道应在距交叉路口告知标志前 150～300m 处设置。如相邻交叉路口间隔较近等情况无法满足设置距离要求时，可适当向交叉路口告知标志前移，但距交叉路口告知标志不应小于 100m。

设计速度≥80km/h 或双向六车道以上的普通国省道宜设置悬臂式交叉路口预告标志，如图 6.4-3 所示。

图 6.4-3 交叉路口预告标志

6.4.3 交叉路口告知标志

交叉路口告知标志用于告知前方交叉路口形式、交叉公路的编号或交叉道路的名称，以及通往方向信息、方向信息。

交叉路口告知标志设置位置应符合下列规定：

1　设置了减速车道的平面交叉，交叉路口告知标志应设置在减速车道起点。

2　无减速车道的平面交叉，交叉路口告知标志应设置在距平面交叉 30～80m 处。

3　丁字平面交叉，交叉路口告知标志可不设置方向信息。

交叉路口告知标志如图 6.4-4 所示。

图 6.4-4　交叉路口告知标志

6.4.4　确认标志

确认标志包括公路编号标志、地点距离标志等。

1　普通国省道编号标志，可设置于平面交叉的公路入口后 30～50m 处。公路编号确认标志以在公路编号标志的上方设置方向标志为主，若与东、西、南和北向交角过大时，可选用控制性地名。两条以上路线重合段应同时指出各条路线的公路编号。如省道重合，也应同时指出各条路线的编号。公路编号标志如图 6.4-5 所示。

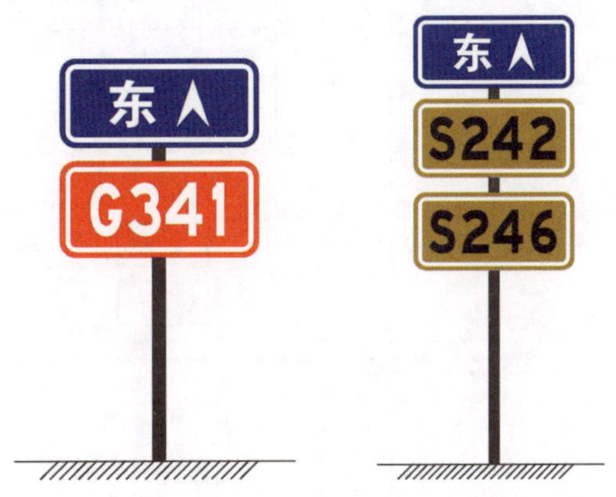

图 6.4-5　公路编号标志

2　地点距离标志，设置于平面交叉间距大于 2km 以上的两个平面交叉口中间的适当位置处，两个平面交叉口间距大于 10km 时，可适当增设地点距离标志，前后地点距离标志信息应连续。

6.4.5　指路信息对应关系

为保证交叉口指路信息的连续，标志中的指路信息应满足一定的对应关系，如图 6.4-6、图 6.4-7 所示。

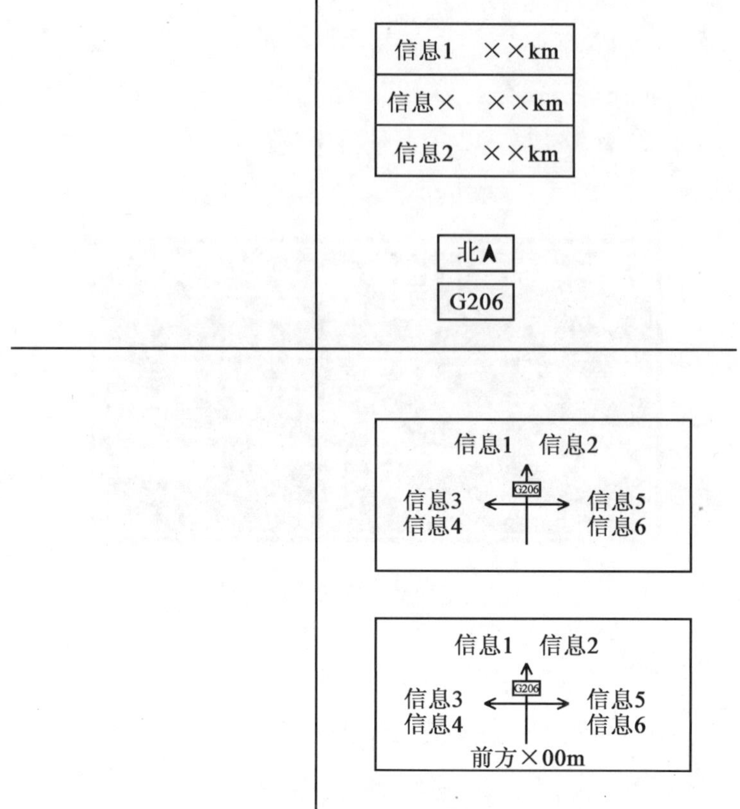

图 6.4-6　标志中指路信息对应关系 1

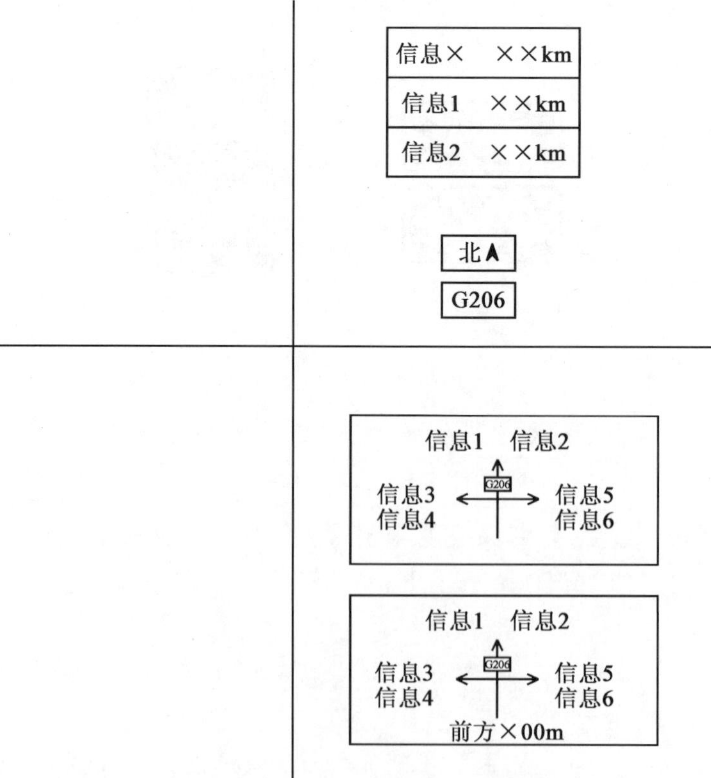

图 6.4-7　标志中指路信息对应关系 2

每个交叉路口的地点距离标志应根据两个交叉口的间距，在合适位置设置。

6.4.6 设置示例

国道与省道相交指路标志设置示例详见附录 A。

6.5 互通式立体交叉指路标志设置

互通式立体交叉通常有多个分流点，交通组织较为复杂，可按照以下要求设置相关标志：

1 相交路的行政等级和交通量情况，可参考表 6.4-1 的规定设置相应的交通标志。

2 信息选取参照表 6.2-2 的相关规定。

3 互通式立体交叉预告标志及告知标志可选用图形化标志，结构形式宜选用悬臂或门架式结构。

4 在分流端设置的相关标志一般应采用双悬臂结构，且信息应经过筛选，尽量使两个版面的信息总和不超过 10 个。

5 如果因为条件限制，在分流端无法采用双悬臂结构的，可选用柱式结构。由于柱式结构标志版面尺寸有限，应进一步筛选信息，尽量保证直行及出口信息均有所反映，如直行及出口的重要信息太多，则应优先反映出口信息。

互通式立体交叉指路标志设置示例详见附录 B。

6.6 环形平面交叉指路标志设置

面积较大、形式复杂或出口众多的环岛，为避免驾驶人在环岛中迷失方向，可在环岛的各个出口设置指示出口方向信息的标志，如图 6.6-1 所示。

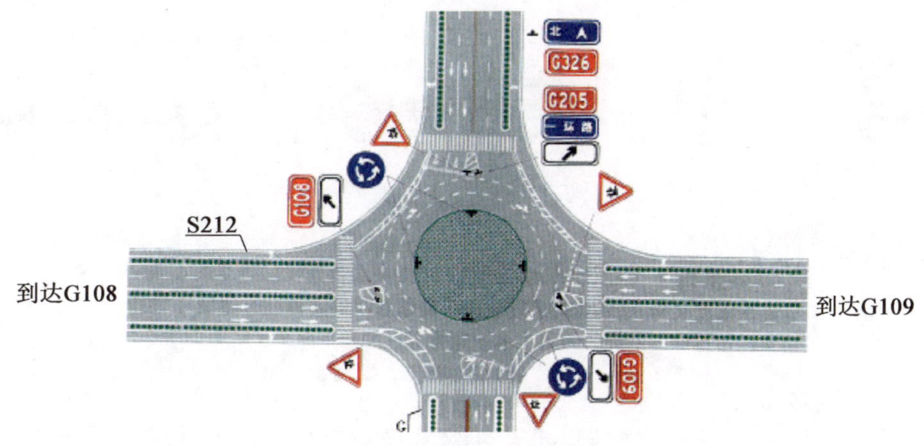

图 6.6-1 环形平面交叉指路标志设置

6.7 路线重合路段指路标志设置

6.7.1 交叉口预告和告知标志

重合路段指路标志设置时，应给出重合道路的编号信息。道路编号应尽量优先在交叉口路口预告和告知标志箭杆中体现。两条普通国省道共线时，宜将两个道路编号均放在指路标志箭杆上，超过三条（含三条）共线时，将主要交通流的两个道路编号（一般不同等级优先国道、同等级优先小编号）放在指路标志箭杆上，单个方向最多体现两条共线信息，箭杆上的两个编号应按国道优先省道、小编号优先大编号的顺序上下排列，剩余路线编号则单独设置。重合路段指路标志箭杆上道路编号示例如图 6.7-1 所示。

图 6.7-1 重合路段指路标志箭杆上道路编号示例

单独设置的路线编号标志，一般在距离国道路线发生改变的交叉路口告知标志前 100 ~ 200m 处增加，采用辅助标志预告路线走向，并在大型平面交叉后设置普通国省道编号标志。

编号信息标志可采取国道编号在上、其他道路编号在下的方式进行布置，即按国省县乡道的顺序。辅助标志的箭头样式基本固定，宜从图 6.7-2 所示几种样式中选取，箭头方向表示行车的前进方向。

图 6.7-2 辅助标志箭头基本样式

重合路段公路编号标志的基本版形如图 6.7-3 所示。

重合路段交叉口处，路线编号标志可参照图 6.7-4 进行设置。

6.7.2 地点距离标志

地点距离标志的地点选取应兼顾两条线路的信息；若共线数量大于两条时，宜在适当位置设置两处地点距离标志，间距不应太远（约 100m），近处地点距离标志宜全部预告近程信息，远端地点距离标志宜全部预告远程控制信息。

图 6.7-3 重合路段公路编号标志基本版形

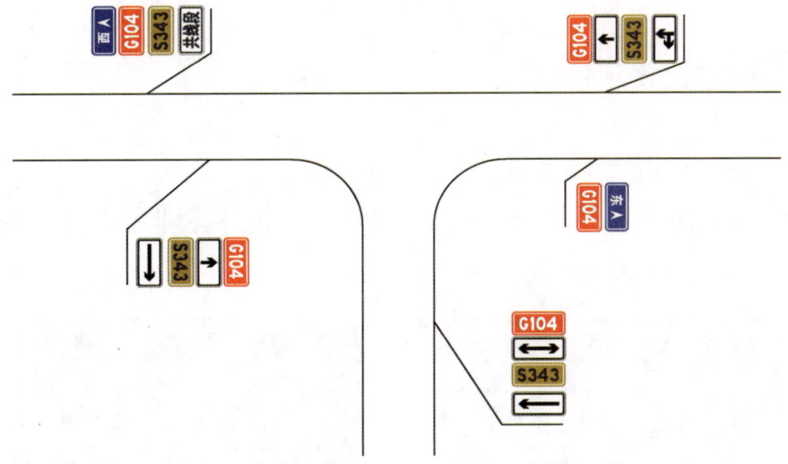

图 6.7-4 重合路段公路编号标志设置示例

6.8 普通国省道与高速公路入口的衔接指引

独立设置的入口预告标志参见国家相关规范、标准的规定。非独立设置的入口预告标志应满足以下要求：

1 非独立设置的入口预告标志在国省道一次转换到达范围内应进行设置，其余情况可根据版面是否有空间进行设置。

2 非独立设置的入口预告标志设置范围应同时满足以下要求：

1）城市绕城环线和放射线高速公路入口指引标志的设置范围应小于 5km；

2）其他高速公路入口指引标志的设置范围应小于 10km；

3）高速公路入口指引范围应小于相邻高速公路所包围的范围。如 B 高速公路甲入口的入口指引标志设置范围应小于 A、C、D、E 四条高速公路所包围的范围，如图 6.8-1所示。

4）非独立设置的入口预告标志中应体现高速公路编号信息，如图 6.8-2 所示。

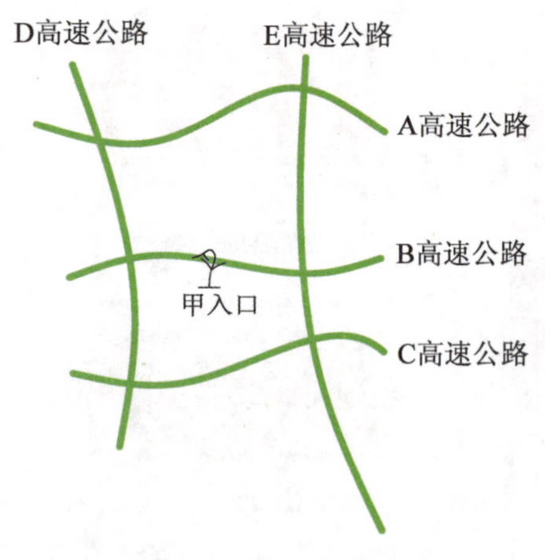

图 6.8-1　入口预告标志设置范围

图 6.8-2　非独立设置的入口指引标志设置示例

3　当两条高速公路共线时，版面足够的情况下应均给出道路编号信息，版面不足时可按照该高速公路里程桩号所属道路编号给出编号信息。

6.9　普通国省道穿城段指路信息指引

6.9.1　穿城段为城市管养段时指路标志设置

在城市管养界和公路管养界的分界点处，应设置道路管理权限分界标志，如图 6.9-1 所示。

图 6.9-1　道路管理权限分界标志示例

普通国省道直线穿过城镇时，可在城管段起点设置穿城段距离辅助标志，如图 6.9-2 所示。

普通国省道在穿城路段确无条件保持道路编号连续时，建议在进入城区前适当位置设置“路线走向图形化标志”，图形化标志应做到图形简洁易懂，信息明确，如图 6.9-3 所示。

图 6.9-2　直线穿城城管路段标志示例

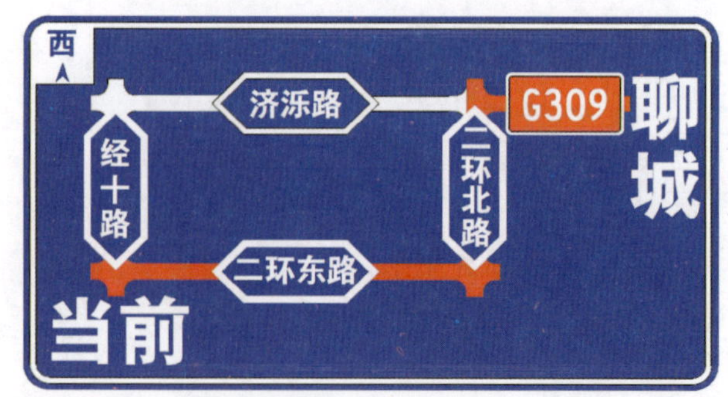

图 6.9-3　路线走向图形化标志示例

6.9.2 穿城段为公路管养段时指路标志设置

穿城段为公路管养时，穿城段的指路标志应按如下规定设置：

1 平面交叉前设置交叉口告知标志；

2 平面交叉后设置普通国省道编号标志；

3 交叉路口间适当位置设置城市道路地点距离标志；

地点距离标志的第一行为前方第一个相交交叉口的横向道路名称，第二行为沿线前方城市主干道的横向道路名称，第三行宜为道路的远程控制信息，如图6.9-4所示。

图6.9-4 城市道路地点距离标志

普通国省道进入城、镇、县前适当位置，应设置告示标志，提示驾驶人前方准备进入城市、城镇、县城，如图6.9-5所示。

县城路段　城镇路段　城市路段

图6.9-5 进城镇前告示标志

“县城路段”“城镇路段”“城市路段”告示标志设置于穿城镇路段的两端，同时在城管段的两端设置城管界或公路界标识。

普通国省道从城市中心区通过，并成为城市道路，指路标志信息选取时应兼顾城市道路版面信息选取的特点。由于城市道路平面交叉间距较小，可不设置预告标志。为了不使国省道编号信息丢失，一般在交叉口告知标志上的箭杆上标识国省道编号，如图6.9-6所示。

图6.9-6 国省道编号放在交叉口告知标志上的箭杆上

如版面信息已经超过限定数量，无法再增加版面信息时，则应在距离交叉路口告知标志前100～200m处增加路线编号标志，并用辅助标志预告路线走向，并在大型平面交叉后设置普通国省道编号标志，如图6.9-7所示。

与国省道相交的道路也应预告国省道的路线走向，如图6.9-8所示。

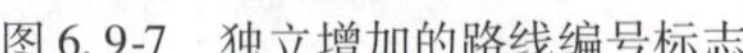

图 6.9-7　独立增加的路线编号标志

图 6.9-8　被交路预告国省道路线走向的标志

6.9.3　指路标志设置示例

普通国省道穿城路段的指路标志设置示例如图 6.9-9 所示。

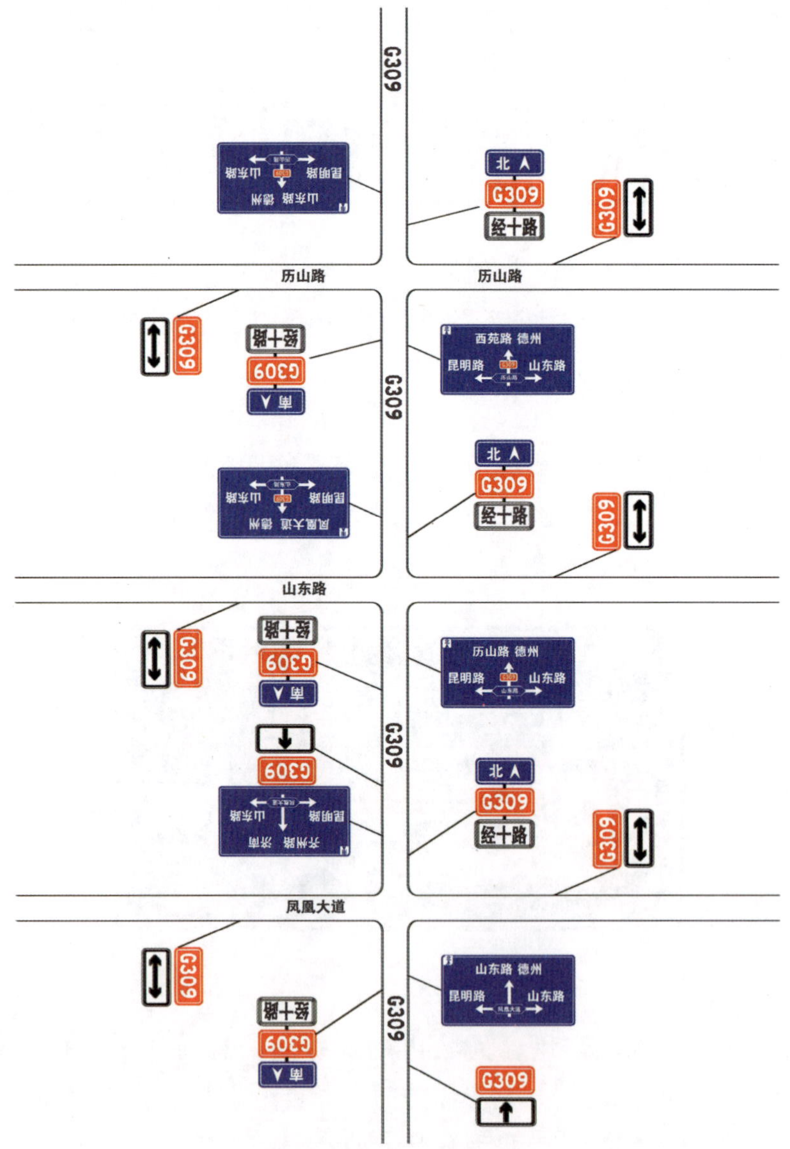

图 6.9-9　普通国省道穿城路段的指路标志设置示例

6.10 公路与机场、高铁、港口的衔接指引

1 机场、火车站、港口等标识应符合现行《道路交通标志和标线》（GB 5768）的规定（高铁的标识与火车站的标识保持一致），如表 6.10-1 所示。

表 6.10-1 图形与说明一览表

图 形	说 明	图 形	说 明
	火车站		客轮码头
	飞机场		轮渡
	港口		

2 提前设置的范围：省会（济南）和副省级城市（青岛）的飞机场、火车站从 10km 处开始设置，码头、其余城市的火车站、飞机场、高铁站可从 3～5km 处开始设置，直至最后抵达；如服务对象较广及影响区域较大的，也可将指路标志设置的范围扩大。

3 上述范围内的平面交叉，飞机场、火车站、港口的名称，作为平面交叉指路标志信息的一部分。

4 如距离机场、火车站、港口 2km 范围内无平面交叉，可设置独立的指路标志，与辅助标志配合使用。

5 如高速公路出口预告标志中有机场、火车站、港口等信息，则高速公路出口衔接的普通国省道设置连续的指引，直至到达目的地，可不受上述第 2 条的范围约束。

6 高铁站、客轮码头、轮渡等交通集散点的指路标志可按照上述规定设置。

6.11 普通国省道与旅游景区的衔接指引

1 普通国省道沿线 3A 及以上旅游景区可设置旅游景区标志，更低级别的景区不建议设置旅游景区标志。

2　旅游景区标志的颜色为棕底、白字、白边框、棕色衬边，一般包含了旅游景区的名称、图案，版面受限时，可取消图案。

3　旅游景区中文名称超过 8 个字时，宜采用简称。

4　旅游景区标志的提前设置范围指以旅游景区的主要出入口为中心向周边辐射一定距离的半径范围。提前设置范围的辐射半径大小，可根据旅游景区所辐射服务区域大小来确定。

5　如高速公路出口预告标志中有旅游景区的信息，则高速公路出口衔接的普通国省道设置连续的指引，直至到达目的地，可不受上述第 4 条的范围约束。

6　在不引起信息超载的前提下，沿线旅游景区信息标识在大型指路标志上，如图 6.11-1 所示；当旅游景区信息与其他指路信息同时标识在大型指路标志上会引起信息过载时，可以设置单独的旅游景区标志，某些路段的旅游景区信息可与地点距离标志结合设计。

图 6.11-1　指路标志上的旅游景区信息

7　如普通国省道沿线的旅游景区比较集中，可设置独立的旅游景区地点距离标志，距离信息为距离旅游景区主要出入口的距离。

8　自然保护区、大型文体设施指路标志可参照上述规定设置。

6.12　里程碑（牌）、百米桩设计

开展山东省普通国省道命名编号调整及里程碑（牌）更换工作时，应与《山东省普通国省道路网里程桩号传递方案》（鲁交规划〔2018〕65 号）的内容要求相衔接。

6.12.1　里程碑（牌）

里程碑用于指示公路的里程，一般设置于公路前进方向的右侧，每隔 1km 设置一块，正、反面均应表示道路编号及里程。普通国省道道路编号应根据《国家公路网规划（2013 年—2030 年）》和《山东省普通省道路线调整方案（2015—2030 年）》的要求进行更新。普通国省道里程应按照规划的路线走向统一编排，里程数字超过 4 位数时，里程碑采用大的尺寸。

里程碑表面为白色，国省道编号用红字，省道编号用蓝字，如图 6.12-1 所示。如

路侧条件所限无法设置里程碑时，可设置里程牌。里程牌可采用单柱式或附着式，版面为蓝底、白图形，白边框、蓝色衬边，如图 6. 12-2 所示。

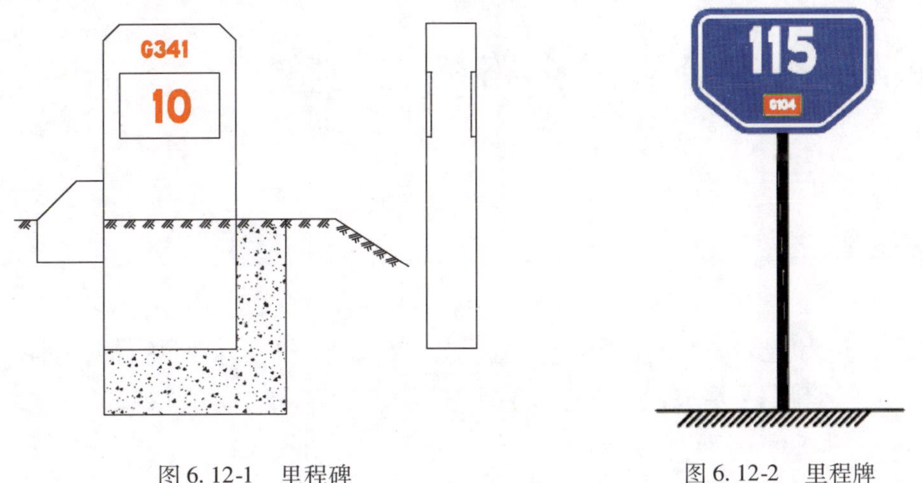

图 6. 12-1　里程碑

图 6. 12-2　里程牌

6. 12. 2　百米桩

百米桩设置在普通国省道各里程碑之间，每 100m 设置一个。百米桩为方柱体，并根据需要在相应表面标识百米序号，如图 6. 12-3 所示。如路侧条件所限时，可设置百米牌。百米牌可采用单柱式或附着式，柱体为白色，国道用红字，省道用蓝字。

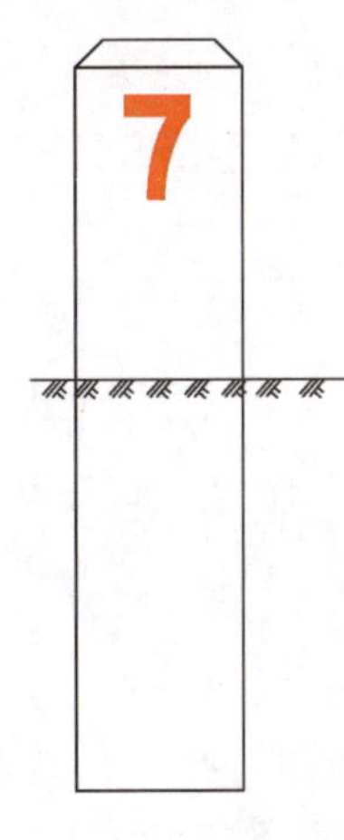

图 6. 12-3　百米桩

7　已通车山东省公路网指路标志调整

7.1　一般规定

升级为国省道和已通车国省道的相关标志更换，应符合下列总体原则：

1　根据本《细则》要求设计的交通标志板面，经对结构进行验算能够利用现有结构和板面的，应尽量使用现有结构和板面，只更换反光膜。

2　根据本《细则》要求需要拆除的交通标志，应尽量加以再利用，如作为信息板或用作其他公路的交通标志等，以避免浪费。

3　同一系列的交通标志（除命名编号标志外）的中、英文和阿拉伯数字字体和相关设计要素应统一，英文的大小写规则也应统一。

4　需要更换标志板或需要全部重新粘贴反光膜的相关标志，应参照本《细则》第5章的规定进行设计。

5　交通标志的更换方案应经济合理、避免浪费。

6　交通标志的版面布置在满足视认性要求的同时，应尽量保证版面的美观大方。

7.2　交通标志更换与调整方式

交通标志更换方式可分为更换反光膜、更换板面、移位、新增、拆除等五类。

7.2.1　更换反光膜

指交通标志的板面、支撑结构和基础均可利用，仅需全部或部分更换反光膜。该方式具有经济、施工快速的特点，宜尽量采用。

1　原则上以部分更换反光膜为主，但单个标志板内部分更换反光膜面积占比较大或经检测反光膜反光性能不能满足使用要求时，可全部更换。

2　更换标志反光膜后应使版面整体反光效果一致，避免新旧反光膜反光性能相差较大。

7.2.2　更换板面

指标志更换中只需要更换标志板及其反光膜，其他部分不变。以下三种情况可采用本更换方式：

1　现有标志板面过小，不能适应按本《细则》更换要求设计的新标志板面。

2 现有标志板面过大，采用原标志板造成浪费并且影响美观。

3 标志板面使用超过 7 年以上，考虑使用年限、板面腐蚀等原因，强度不满足使用要求。

更换标志板面前，应对原结构进行强度和刚度验算，以保证原标志结构对于新标志板的结构安全性；如果原有结构及基础不满足要求，则需将原标志拆除，并需新增加交通标志。

7.2.3 移位

指现有指路标志位置不合理，将现有的标志包括基础在内整体移动位置，以符合本《细则》对标志设置位置的要求。移位方式主要适用于小型标志的更换。

7.2.4 新增

指由于各种原因需要增加新的交通标志。下列四种情况可采用本方式：

1 原标志的结构不能再利用，则需要拆除原标志，增加新的标志。

2 根据本《细则》的规定需要增加新的标志。

3 原标志无法移位时，需要将原标志拆除，增加新的标志。

4 根据第 6 章的要求，标志缺失或遗漏的，需要增加新的标志。

7.2.5 拆除

指现有标志不满足本《细则》的要求且无法再利用的，则需要将原交通标志拆除。拆除标志时，应考虑安全美观的因素。需要拆除的标志主要有以下几种类型：

1 损坏或老化严重的标志。

2 违反规定设置的非交通标志。

3 设置不合理或无法再利用的其他标志。

7.3 普通国省道指路标志更换与调整方案

本章所涉及的各类交通标志更换与调整方案的基础，是现有指路标志已经按照第 6 章的要求进行了设置。如果现有指路标志尚不能满足第 6 章的要求，应考虑根据要求利用现有标志或重新设置。

7.3.1 利用原国省道

1 原有道路行政等级（国省道）未变，但是编号发生变化的，对相关标志调整主要采取以下方案：采取贴膜的方式，对编号进行更改。如图 7.3-1 所示，原有道路为 S329，在规划中更名为国道 G341，则对原有国道编号进行贴膜覆盖。

2 原有道路行政等级（国省道）未变，但是相交道路的行政等级和编号发生变化的，对相关标志调整主要采取以下方案：

a）原标志

b）新标志

图 7.3-1　行政等级（国省道）未变但编号改变的调整示例

1）原有被交道路为县道及以上公路时，采取贴膜的方式，对预告、告知和确认标志的编号进行更改。如图 7.3-2 所示，原有支路为 X093，在规划中更名为省道 S325，则对原有告知标志中县道编号进行贴膜覆盖，如预告标志和确认标志也体现了相关信息，则也需要进行更改。

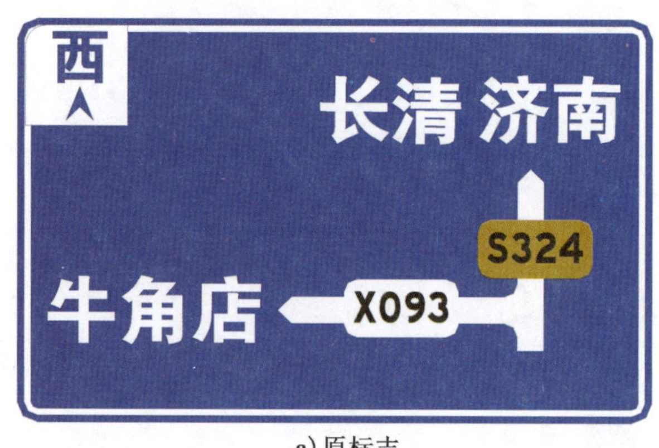

a）原标志

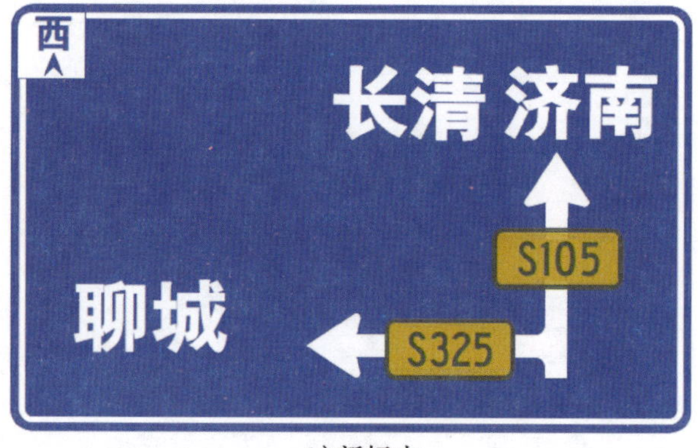

b）新标志

图 7.3-2　相交道路的行政等级和编号改变的调整示例

2）原有被交道路为村道，升级为县道及以上标志时，如原有告知标志，则在告知标志上附着被交道路编号信息，如原先没有告知标志，则按照第 6 章的要求新增告知标志，并且升级后需新增预告和确认标志，可以在主线上新增单柱标志。

3　原有道路行政等级（国省道）未变，但是原有道路编号和被交道路编号、等级都发生了变化的，则应综合考虑上述 1、2 两种情况确定相关标志的调整方案。

7.3.2　利用原来道路，但原有道路行政等级提升至国省道

1　原有道路为省道，提升为国道的，对相关标志调整主要采取以下方案：

1）被交道路等级不变的。采取贴膜的方式，对国道的编号及相应的地点选取进行完善，如被交路编号发生变化，也进行相应贴膜处理。

2）被交道路等级由省道升级为国道的。采取贴膜的方式，对主线和被交路的编号及相应的地点选取进行完善。预告标志可采用柱式标志。

3）被交道路等级为县道或者由县道提升为国道或省道的。除采取贴膜的方式，对

道路编号及相应的地点选取进行完善外，还需要在主线上增设对被交道路的预告标志。

4）被交道路等级由乡道提升为县道及以上的。如原有告知标志，则在告知标志上附着被交道路编号信息，如原先没有告知标志，则按照第6章的要求新增告知标志；并且升级后需新增预告和确认标志，可在主线上新增单柱标志。

2 原有道路为县道，提升为国省道的，对于被交道路为县道及以上的，除采取贴膜的方式，对告知标志上国道的编号及相应的地点选取进行完善外，还需新增预告及确认标志。预告标志可采用柱式标志。对于被交道路为村道的且符合第6章设置要求的，标志可不做变动。

3 原有道路为乡道，提升为国省道的，原有道路技术等级较高，并且设置了相应标志的，可参照县道、省道升级情况进行调整；如原有道路技术等级较低，并未设置相应标志或者原有标志无法利用的，则应参照本《细则》第6章进行设置。

7.3.3 原有道路从国省道转变为其他等级道路

原国省道转变为农村公路或城市道路时，应去除相关指路标志中的路线编号信息。

7.3.4 道路尚在规划中并未全线通车

应统筹协调未通车路段和已通车路段的信息，既能保障现有路网信息的连续性和一致性，又能兼顾全线通车后的相关标志设置。

对于部分可设置的单柱类标志，宜采用预制基础的形式，以方便后期移位。

7.3.5 普通国省道新旧命名编号过渡指引

对于命名编号有调整的国省道，当原命名编号认知度较高时，需在起终点和主要平交口适当增设命名编号调整过渡的告示标志。

8 在建山东省公路网指路标志调整

山东省在建普通国省道，对交通标志未施工项目，或交通标志已施工但未进行项目竣工验收的项目，应根据本《细则》进行设计或施工变更。

9 标志调整工程验收和效果评估

9.1 验收

山东省普通国省道指路标志调整工程所使用的设施产品应符合相关质量控制要求。验收时，具体的检测项目及技术指标参见现行《公路工程质量检验评定标准》（JTG F80/1）有关工程质量管理文件、检验标准或根据设计文件和其他相关规范的要求。

9.1.1 基本要求

1 交通标志的制作应符合现行《道路交通标志和标线》（GB 5768）和《道路交通标志板及支撑件》（GB/T 23827）的规定。

2 交通标志在运输、安装过程中，不得损伤标志板面及金属构件的镀层。

3 标志的位置、数量及安装角度应符合设计要求。

4 大型标志的地基承载力应符合设计要求。大型标志柱、梁的焊接部分应符合现行《钢结构焊接规范》（GB 50661）的质量要求，无裂缝、融合、夹渣等缺陷。

5 标志板面应平整完好，无起皱、开裂、缺损或凹凸变形；标志板面任一处面积为 50cm×50cm 的表面上，不得存在一个或一个以上总面积大于 10mm^2 的气泡。

6 反光膜应尽可能减少拼接，任何标志的字符不允许拼接。当标志板的长度和宽度、圆形标志的直径小于反光膜产品的最大宽度时，底膜不应有拼接缝。当粘贴反光膜不可避免出现接缝时，应按反光膜产品的最大宽度进行拼接。

7 部分标志粘贴反光膜时，应避免新旧反光膜性能差异过大。

9.1.2 具体检测项目及技术指标

交通标志的具体检测项目及技术指标参见现行《公路工程质量检验评定标准》（JTG F80/1）的规定。

9.1.3 外观鉴定

1 标志板安装后应平整，夜间在车灯照射下，标志板底色和字符应清晰明亮，颜色均匀，不得出现明暗不均的现象，不得影响标志的认读。

2 标志反光膜采用拼接时，重叠部分应小于 5mm。当采用平接时，其间隙应不超过 1mm。距标志板边缘 50mm 之内，不得有接缝。

3 标志金属构件镀层应均匀，颜色一致，不允许有流挂、滴瘤或多余结块，镀件表面应无镀锌、露铁等缺陷。

9.2 调整工程效果评估

指路标志调整结束后，应对路网指路信息做逆向核查，主要包括以下几点：

1 评估驾驶人对指路信息的满意程度；

2 对指路信息的合理性进行评估，重点评估指路信息的功能性、连续性和准确性；

3 评估整体路网的设置规模及设计风格的合理性、美观性；

4 评估版面设计的规范性、指路信息布置的合理性；

5 评估标志设置位置和支撑结构选取的合理性。

附录 A　国道与省道相交指路标志设置示例

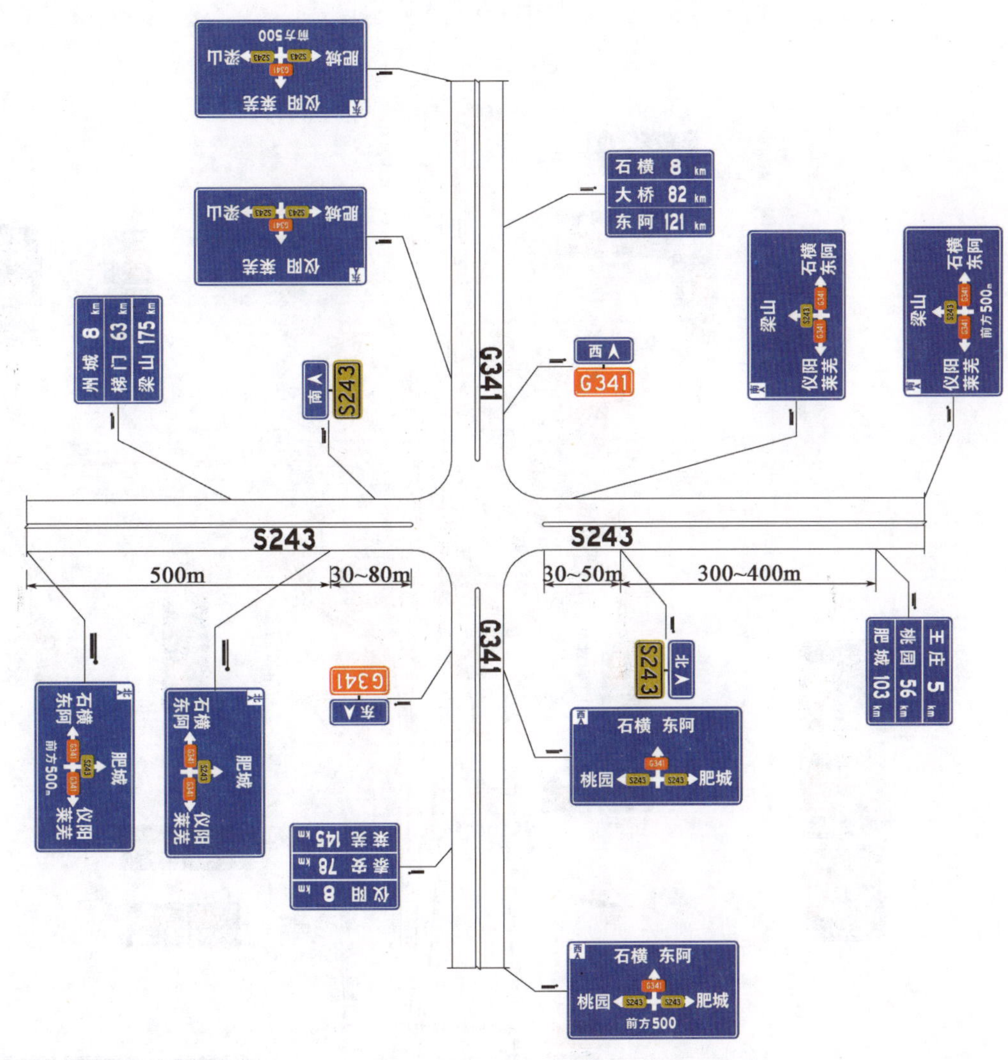

附图 A　国道与省道相交指路标志设置示例

附录 B　互通式立体交叉指路标志设置示例

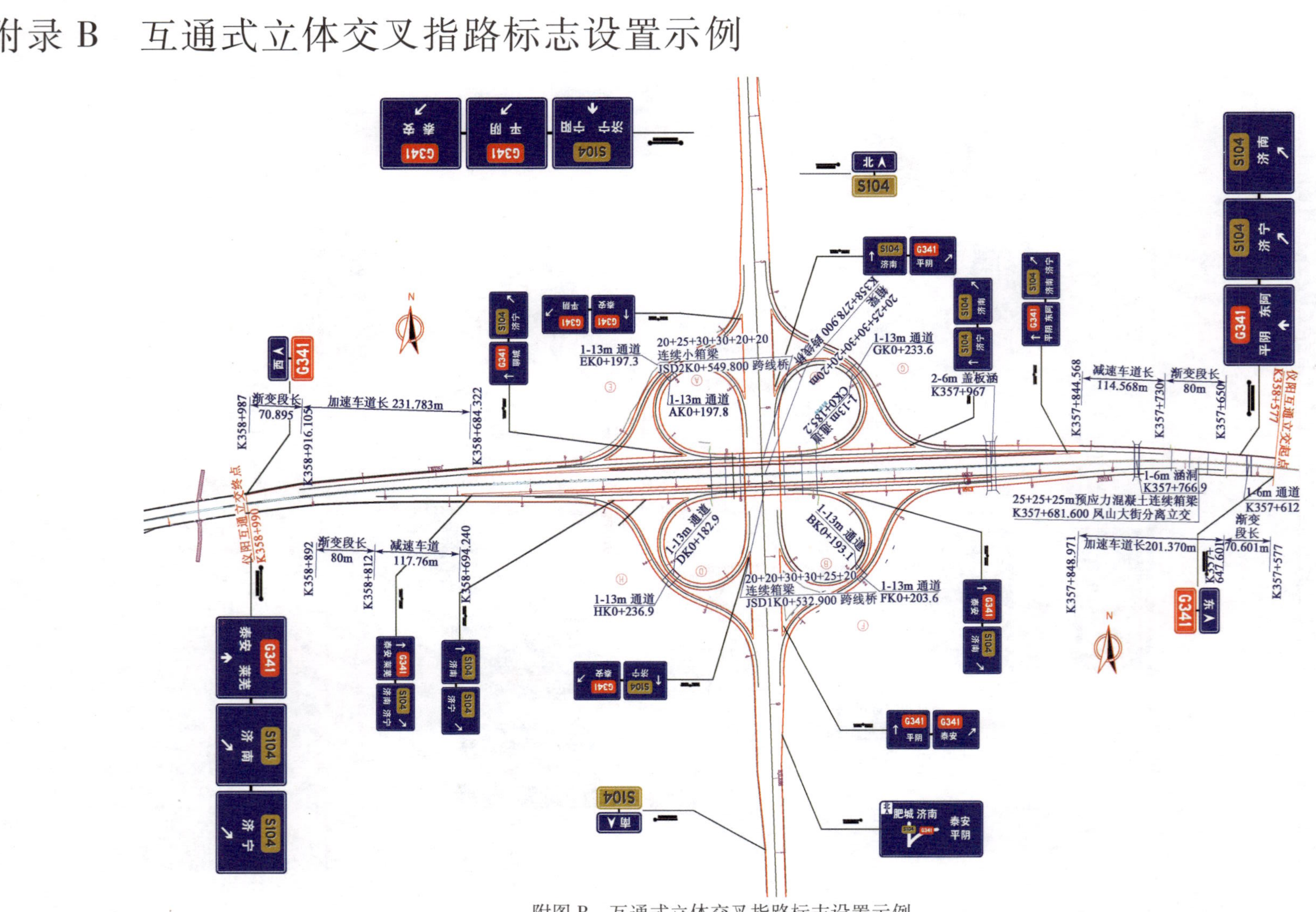

附图 B　互通式立体交叉指路标志设置示例

附录C 远程控制性地点信息索引表

附表 C.1 普通国道远程控制性地点信息索引

序号	道路编号	路线名称	地市	上行		下行		备注
				分段区间	远程信息选取	分段区间	远程信息选取	
1	G104	北京—平潭	德州	河北德州界—德州济南界	济南	德州济南界—河北德州界	沧州	
	G104	北京—平潭	济南	德州济南界—济南泰安界	泰安	济南泰安界—德州济南界	德州	
	G104	北京—平潭	泰安	济南泰安界—泰安济宁界	枣庄	泰安济宁界—济南泰安界	济南	
	G104	北京—平潭	济宁	泰安济宁界—济宁枣庄界（界河）	枣庄	济宁枣庄界（界河）—泰安济宁界	泰安	
	G104	北京—平潭	枣庄	济宁枣庄界（界河）—枣庄济宁界（微山）	徐州	枣庄济宁界（微山）—济宁枣庄界（界河）	泰安	
	G104	北京—平潭	济宁	枣庄济宁界（微山）—济宁江苏界	徐州	济宁江苏界—枣庄济宁界（微山）	枣庄	
2	G105	北京—澳门	德州	德州段	济宁	德州段	沧州	
	G105	北京—澳门	聊城	聊城段	济宁	聊城段	德州	
	G105	北京—澳门	济南	济南段	济宁	济南段	德州	
	G105	北京—澳门	泰安	泰安段	济宁	泰安段	德州	
	G105	北京—澳门	济宁	济宁段	商丘	济宁段	德州	
	G105	北京—澳门	菏泽	菏泽段	商丘	菏泽段	济宁	
3	G106	北京—广州	聊城	聊城段	濮阳	聊城段	邯郸	
	G106	北京—广州	菏泽	菏泽段	兰考	菏泽段	濮阳	

续上表

序号	道路编号	路线名称	地市	上行		下行		备注
				分段区间	远程信息选取	分段区间	远程信息选取	
4	G204	烟台—上海	烟台	烟台青岛交界	青岛	青岛烟台交界	烟台	
	G204	烟台—上海	青岛	青岛日照交界	日照	日照青岛交界	烟台	
	G204	烟台—上海	日照	日照江苏交界	连云港	江苏日照交界	青岛	
5	G205	山海关—深圳	德州（庆云县）	德州庆云段	滨州	德州庆云段	黄骅	
	G205	山海关—深圳	滨州	滨州段	淄博	滨州段	黄骅	
	G205	山海关—深圳	淄博	淄博段	莱芜	淄博段	滨州	
	G205	山海关—深圳	莱芜	莱芜段	临沂	莱芜段	淄博	
	G205	山海关—深圳	泰安（新泰市）	泰安新泰段	临沂	泰安新泰段	莱芜	
	G205	山海关—深圳	临沂	临沂段	淮安	临沂段	莱芜	
6	G206	威海—汕头	威海	起点—G308	潍坊	烟台威海界—路线起点	荣成	
	G206	威海—汕头	威海	G308—烟台威海界	莱州			
	G206	威海—汕头	烟台	烟台威海界—莱州市界	莱州	莱州市界—烟台威海界	荣成	
	G206	威海—汕头	烟台	莱州市界—烟台青岛界	潍坊	烟台青岛界—莱州市界	莱州	
	G206	威海—汕头	青岛	烟台青岛界—青岛潍坊界	潍坊	潍坊青岛界—烟台青岛界	莱州	
	G206	威海—汕头	潍坊	青岛潍坊界—潍坊日照界	临沂	潍坊日照界—潍坊青岛界	莱州	
	G206	威海—汕头	日照	潍坊日照界—日照临沂界	临沂	临沂日照界—潍坊日照界	潍坊	
	G206	威海—汕头	临沂	日照临沂界—临沂枣庄界	枣庄	临沂枣庄界—临沂日照界	潍坊	
	G206	威海—汕头	枣庄	临沂枣庄界—山东江苏界	徐州	山东江苏界—临沂枣庄界	临沂	
7	G220	东营—深圳	东营	东营段	滨州	东营段	东营（海堤）	
	G220	东营—深圳	滨州	滨州段	济南	滨州段	东营	
	G220	东营—深圳	济南	济南段	菏泽	济南段	滨州	
	G220	东营—深圳	泰安	泰安段	菏泽	泰安段	济南	

续上表

序号	道路编号	路线名称	地市	上行		下行		备注
				分段区间	远程信息选取	分段区间	远程信息选取	
7	G220	东营—深圳	济宁	济宁段	菏泽	济宁段	济南	
	G220	东营—深圳	菏泽	菏泽段	鹿邑	菏泽段	济南	
8	G228	丹东—东兴	烟台	三山岛—G206	威海	G206—三山岛	三山岛	
	G228	丹东—东兴	烟台	G206—烟台威海界	威海	威海烟台界—G206	莱州	
	G228	丹东—东兴	威海	烟台威海界—荣成市界	荣成	荣成市界—威海烟台界	烟台	
	G228	丹东—东兴	威海	荣成市界—威海烟台界	青岛	烟台威海界—荣成市界	荣成	
	G228	丹东—东兴	烟台	威海烟台界—烟台青岛界	青岛	青岛烟台界—烟台威海界	荣成	
	G228	丹东—东兴	青岛	烟台青岛界—青岛日照界	日照	日照青岛界—青岛烟台界	荣成	
9	G233	克什克腾—黄山	德州（庆云县）	德州庆云段	淄博	德州庆云段	黄骅	
	G233	克什克腾—黄山	滨州	滨州段	淄博	滨州段	黄骅	
	G233	克什克腾—黄山	淄博	淄博段	临沂	淄博段	黄骅	
	G233	克什克腾—黄山	潍坊	潍坊段	临沂	潍坊段	淄博	
	G233	克什克腾—黄山	临沂	临沂段	连云港	临沂段	淄博	
10	G237	济宁—宁德	济宁	济宁段	淮北	济宁段	济宁、G1511	
11	G240	保定—台山	德州	德州段	聊城	德州段	衡水（保定）	核实并选取其中一个
	G240	保定—台山	聊城	聊城段	菏泽	聊城段	衡水（保定）	核实并选取其中一个
	G240	保定—台山	菏泽	菏泽段	许昌	菏泽段	聊城	
12	G308	文登—石家庄	威海	路线起点—威海烟台界	潍坊	烟台威海界—路线起点	文登	
	G308	文登—石家庄	烟台	威海烟台界—烟台青岛界	潍坊	烟台青岛界—威海烟台界	文登	
	G308	文登—石家庄	青岛	烟台青岛界—青岛潍坊界	潍坊	青岛潍坊界—烟台青岛界	文登	
	G308	文登—石家庄	潍坊	青岛潍坊界—潍坊淄博界	济南	潍坊淄博界—青岛潍坊界	文登	

续上表

序号	道路编号	路线名称	地市	上行		下行		备注
				分段区间	远程信息选取	分段区间	远程信息选取	
12	G308	文登—石家庄	淄博	潍坊淄博界—淄博滨州界	济南	淄博滨州界—潍坊淄博界	潍坊	
	G308	文登—石家庄	滨州	淄博滨州界—滨州济南界	济南	滨州济南界—淄博滨州界	潍坊	
	G308	文登—石家庄	济南	滨州济南界—济南德州界	石家庄	济南德州界—滨州济南界	潍坊	
	G308	文登—石家庄	德州	济南德州界—德州聊城界	石家庄	德州聊城界—济南德州界	济南	
	G308	文登—石家庄	聊城	德州聊城界—聊城德州界	石家庄	聊城德州界—德州聊城界	济南	
	G308	文登—石家庄	德州	聊城德州界—德州衡水界	石家庄	德州衡水界—聊城德州界	济南	
13	G309	青岛—兰州	青岛	起点—青岛潍坊界	潍坊	潍坊青岛界—起点	即墨	
	G309	青岛—兰州	潍坊	青岛潍坊界—潍坊淄博界	淄博	淄博潍坊界—潍坊青岛界	即墨	
	G309	青岛—兰州	淄博	潍坊淄博界—淄博济南界	济南	济南淄博界—淄博潍坊界	潍坊	
	G309	青岛—兰州	济南	淄博济南界—济南德州界	聊城	德州济南界—济南淄博界	淄博	
	G309	青岛—兰州	德州	济南德州界—德州聊城界	聊城	聊城德州界—德州济南界	济南	
	G309	青岛—兰州	聊城	德州聊城界—山东河北界	邯郸	河北山东界—聊城德州界	济南	
14	G310	连云港—共和	临沂	临沂段	徐州	临沂段	连云港	
15	G327	连云港—固原	临沂	临沂段	济宁	临沂段	连云港	
	G327	连云港—固原	济宁	济宁段	菏泽	济宁段	临沂	
	G327	连云港—固原	菏泽	菏泽段	沁阳	菏泽段	济宁	
16	G339	滨州港—榆林	滨州	滨州港—滨州德州界	衡水	德州滨州界—滨州港	滨州港	
	G339	滨州港—榆林	德州	滨州德州界—德州河北界	衡水	河北德州界—德州滨州界	滨州港	
17	G340	东营港—子长	东营	东营段	商河	东营段	东营港	
	G340	东营港—子长	滨州	滨州段	商河	滨州段	东营港	
	G340	东营港—子长	济南	济南段	邢台	济南段	东营港	
	G340	东营港—子长	德州	德州段	邢台	德州段	商河	

续上表

序号	道路编号	路线名称	地市	上行		下行		备注
				分段区间	远程信息选取	分段区间	远程信息选取	
18	G341	胶南—海晏	青岛	青岛段	莱芜	青岛段	黄岛	
	G341	胶南—海晏	潍坊	潍坊段	莱芜	潍坊段	黄岛	
	G341	胶南—海晏	日照	日照段	莱芜	日照段	黄岛	
	G341	胶南—海晏	临沂	临沂段	莱芜	临沂段	黄岛	
	G341	胶南—海晏	潍坊	潍坊段	莱芜	潍坊段	黄岛	
	G341	胶南—海晏	淄博	淄博段	莱芜	淄博段	黄岛	
	G341	胶南—海晏	莱芜	莱芜段	泰安	莱芜段	黄岛	
	G341	胶南—海晏	泰安	泰安段	东阿	泰安段	莱芜	
	G341	胶南—海晏	济南	济南段	东阿	济南段	泰安	
	G341	胶南—海晏	聊城	聊城段	安阳	聊城段	泰安	
19	G342	日照—凤县	日照	日照段	五莲	日照段	G204	
	G342	日照—凤县	青岛	青岛段	五莲	青岛段	G204	
	G342	日照—凤县	日照（五莲）	日照五莲段	蒙阴	日照五莲段	G204	
	G342	日照—凤县	日照（莒县）	日照莒县段	蒙阴	日照莒县段	五莲	
	G342	日照—凤县	临沂（沂水）	临沂沂水段	蒙阴	临沂沂水段	莒县	
	G342	日照—凤县	临沂（蒙阴）	临沂蒙阴段	梁山	临沂蒙阴段	莒县	
	G342	日照—凤县	泰安	泰安段	梁山	泰安段	蒙阴	
	G342	日照—凤县	济宁	济宁段	台前	济宁段	宁阳	
20	G513	临邑—德州	德州	德州段	德州	德州段	临邑	
21	G514	齐河—邯郸	德州	起点—德州聊城界	邯郸	河北聊城界—聊城德州界	齐河	
	G514	齐河—邯郸	聊城	德州聊城界—聊城德州界	邯郸	聊城德州界—德州聊城界	齐河	
	G514	齐河—邯郸	德州	聊城德州界—德州聊城界	邯郸	德州聊城界—聊城德州界	齐河	
	G514	齐河—邯郸	聊城	德州聊城界—聊城河北界	邯郸	聊城德州界—起点	齐河	

续上表

序号	道路编号	路线名称	地市	上行 分段区间	上行 远程信息选取	下行 分段区间	下行 远程信息选取	备注
22	G516	沾化—青州	滨州	起点—东营滨州界	东营	东营滨州界—起点	沾化	
	G516	沾化—青州	东营	东营滨州界—垦利	青州	垦利—东营滨州界	沾化	
	G516	沾化—青州		垦利—东营	青州	东营—垦利	沾化	
	G516	沾化—青州		东营—东营潍坊界	青州	东营潍坊界—东营	东营	
	G516	沾化—青州	潍坊	东营潍坊界—终点	青州	终点—东营潍坊界	东营	
23	G517	长岛—莱西	烟台	路线起点—烟台青岛界	莱西	蓬莱市界—路线起点	长岛	
	G517	长岛—莱西				青岛烟台界—蓬莱市界	蓬莱	
	G517	长岛—莱西	青岛	烟台青岛界—路线终点	青岛	路线终点—青岛烟台界	蓬莱	
24	G518	日照—定陶	日照	日照段	临沂	日照段	岚山	
	G518	日照—定陶	临沂	临沂段	枣庄	临沂段	岚山	
	G518	日照—定陶	枣庄	枣庄段	定陶	枣庄段	临沂	
	G518	日照—定陶	菏泽	菏泽段	定陶	菏泽段	枣庄	

附表 C.2　普通省道远程控制性地点信息索引

序号	道路编号	路线名称	地市	上行 分段区间	上行 远程信息选取	下行 分段区间	下行 远程信息选取	备注
1	S101	济南—德州	济南	济南	齐河			
	S101	济南—德州	德州	齐河	禹城	齐河	济南	
	S101	济南—德州		禹城	平原	禹城	齐河	
	S101	济南—德州		平原	德州	平原	禹城	
	S101	济南—德州				德州	平原	
2	S102	济南—青岛	济南	济南市区	淄川	章丘	济南	
	S102	济南—青岛	济南	章丘	淄川			

续上表

序号	道路编号	路线名称	地市	上行		下行		备注
				分段区间	远程信息选取	分段区间	远程信息选取	
2	S102	济南—青岛	淄博	淄博	青州	淄川	章丘	
	S102	济南—青岛	潍坊	青州	安丘	青州	淄川	
	S102	济南—青岛		安丘	胶州	安丘	青州	
	S102	济南—青岛		高密、诸城	胶州	高密、诸城	安丘	
	S102	济南—青岛	青岛	胶州	城阳	胶州	安丘	
	S102	济南—青岛				城阳	胶州	
3	S103	济南—枣庄	济南	济南	泰安			
	S103	济南—枣庄	泰安	泰安	泗水	泰安	济南	
	S103	济南—枣庄	济宁	济宁	山亭	济宁	泰安	
	S103	济南—枣庄	临沂	临沂	山亭	临沂	泗水	
	S103	济南—枣庄	枣庄	枣庄	峄城	枣庄	泗水	
4	S104	济南—微山	济南	肥城	肥城	济南	长清	
	S104	济南—微山	泰安	肥城	宁阳	肥城	长清	
	S104	济南—微山		宁阳	兖州	宁阳	肥城	
	S104	济南—微山	济宁	兖州	微山	兖州	宁阳	
	S104	济南—微山	枣庄	滕州	微山	滕州	兖州	
	S104	济南—微山	济宁			微山	兖州	
5	S105	济南—聊城	济南	济南	聊城			
	S105	济南—聊城	德州	齐河	聊城	齐河	济南	
	S105	济南—聊城	聊城	聊城	聊城	聊城	济南	
6	S201	威海—东山	威海	起点—与 S305 交叉口	石岛	与 S301 交叉口—起点	影视城	
	S201	威海—东山	威海	与 S305 交叉口—与 G228 交叉口	人和	终点—与 S301 交叉口	威海	
	S201	威海—东山	威海	与 G228 交叉口—终点	东山			

续上表

序号	道路编号	路线名称	地市	上行		下行		备注
				分段区间	远程信息选取	分段区间	远程信息选取	
7	S202	威海—青岛	威海	威海	文登	文登	初村	
	S202	威海—青岛		文登	乳山	威海	初村	
	S202	威海—青岛		乳山	海阳	乳山	文登	
	S202	威海—青岛	烟台	海阳	即墨	海阳	乳山	
	S202	威海—青岛	青岛	即墨	青岛	即墨	海阳	
	S202	威海—青岛				青岛	即墨	
8	S203	浦湾—石岛	威海	浦湾—与 G206 交叉口	荣成	与 G206 交叉口—浦湾	泊于	蒲湾属于泊于镇
	S203	浦湾—石岛		与 G206 交叉口—石岛	石岛	石岛—与 G206 交叉口	荣成	
9	S204	初村—张家埠	威海	初村—张家埠	张家埠	张家埠—初村	初村	
10	S205	上庄—泽头	烟台	烟台	泽头	烟台	滨海东路	
	S205	上庄—泽头	威海	威海	泽头	威海	龙泉镇	
11	S206	牟平—徐家	烟台	牟平	徐家			
	S206	牟平—徐家	威海	乳山	徐家	乳山	牟平	
12	S207	莱山—乳山口	烟台	莱山	乳山	莱山	芝罘	
	S207	莱山—乳山口		牟平	乳山	牟平	烟台	
	S207	莱山—乳山口	威海			乳山	莱山	
13	S208	烟台—海阳所	烟台	烟台	乳山	牟平	烟台	
	S208	烟台—海阳所	威海	牟平	乳山	乳山	烟台	
14	S209	蓬莱—黄岛	烟台	蓬莱	栖霞			
	S209	蓬莱—黄岛		栖霞	莱阳	栖霞	蓬莱	
	S209	蓬莱—黄岛		莱阳	青岛	莱阳	栖霞	
	S209	蓬莱—黄岛	青岛	即墨	青岛	即墨	莱阳	
	S209	蓬莱—黄岛		青岛市区	黄岛	青岛市区	莱阳	
	S209	蓬莱—黄岛				黄岛	青岛	

续上表

序号	道路编号	路线名称	地市	上行 分段区间	上行 远程信息选取	下行 分段区间	下行 远程信息选取	备注
15	S210	烟台—凤城	烟台	烟台市区	海阳	栖霞	烟台	
	S210	烟台—凤城		栖霞	海阳	海阳	烟台	
16	S211	店集—沙子口						
17	S213	龙口—青岛	烟台	龙口	招远	招远	龙口	
	S213	龙口—青岛		招远	莱西			
	S213	龙口—青岛	青岛	莱西	即墨	莱西	招远	
	S213	龙口—青岛		即墨	城阳	即墨	莱西	
18	S217	朱桥—诸城	烟台	莱州	胶州	莱州	朱桥	
	S217	朱桥—诸城	青岛	平度	胶州	平度	朱桥	
	S217	朱桥—诸城		胶州	诸城	胶州	朱桥	
	S217	朱桥—诸城	潍坊	诸城	诸城	诸城	胶州	
19	S218	三山岛—城阳	烟台	莱州	平度			
	S218	三山岛—城阳	青岛	平度	城阳	平度	莱州	
	S218	三山岛—城阳				城阳	平度	
20	S219	灰埠—里岔	青岛	平度	胶州	高密	平度	
	S219	灰埠—里岔		高密	胶州	胶州	平度	
21	S220	平度—日照	青岛	平度	高密			
	S220	平度—日照	潍坊	高密	日照	高密	平度	
	S220	平度—日照	潍坊	诸城	日照	诸城	平度	
	S220	平度—日照	日照			日照	诸城	
22	S221	下营—小关	潍坊	昌邑	安丘	安丘、昌邑	下营	
	S221	下营—小关		峡山、安丘—终点	小关	临朐	安丘	

续上表

序号	道路编号	路线名称	地市	上行		下行		备注
				分段区间	远程信息选取	分段区间	远程信息选取	
23	S222	央子—赣榆	潍坊	潍坊	五莲			
	S222	央子—赣榆		安丘	五莲	安丘	潍坊	
	S222	央子—赣榆		诸城	五莲	诸城	潍坊	
	S222	央子—赣榆	日照	五莲	岚山	五莲	潍坊	
	S222	央子—赣榆		东港	岚山	东港	五莲	
	S222	央子—赣榆		岚山	赣榆	岚山	五莲	
24	S223	滨海—九山	潍坊	寿光	潍坊	潍坊	滨海开发区	
	S223	滨海—九山		潍坊	临朐	临朐	潍坊	
25	S224	大家洼—沂山	潍坊	寿光	昌乐	昌乐	大家洼	
	S224	大家洼—沂山		昌乐	蒋峪	临朐	昌乐	
	S224	大家洼—沂山		昌乐界—蒋峪	蒋峪			
26	S225	莒县—阿湖	日照	莒县	莒南			
	S225	莒县—阿湖	临沂	莒南	临沭	莒南	莒县	
	S225	莒县—阿湖		临沭	东海	临沭	莒南	
27	S226	羊口—青州	潍坊	潍坊	青州	潍坊	羊口	
28	S227	河口—辛店	东营	河口	垦利			
	S227	河口—辛店		垦利	东营	垦利	河口	
	S227	河口—辛店		东营市区	广饶	东营市区	垦利	
	S227	河口—辛店		广饶	临淄	广饶	东营	
	S227	河口—辛店	淄博			临淄	广饶	
29	S228	黄河口—临朐	东营	垦利	东营	东营	黄河口	
	S228	黄河口—临朐		东营	博兴			

续上表

序号	道路编号	路线名称	地市	上行		下行		备注
				分段区间	远程信息选取	分段区间	远程信息选取	
29	S228	黄河口—临朐	滨州	博兴	临淄	博兴	东营	
	S228	黄河口—临朐	淄博	淄博	临朐	淄博	博兴	
	S228	黄河口—临朐	潍坊	潍坊	临朐	潍坊	临淄	
30	S229	沂源—邳州	淄博	沂源	沂水			
	S229	沂源—邳州	临沂	沂水	沂南	沂水	沂源	
	S229	沂源—邳州		沂南	兰陵	沂南	沂水	
	S229	沂源—邳州		费县	兰陵	费县	沂南	
	S229	沂源—邳州		兰陵	邳州	兰陵	沂南	
31	S230	汤庄—东海	临沂	罗庄	郯城			
	S230	汤庄—东海		兰陵	郯城	兰陵	罗庄	
	S230	汤庄—东海		郯城	东海	郯城	罗庄	
32	S231	张店—台儿庄	淄博	淄博市区	沂源	淄川	淄博	
	S231	张店—台儿庄		淄川	沂源			
	S231	张店—台儿庄		博山	沂源	博山	淄博	
	S231	张店—台儿庄		沂源	蒙阴	沂源	淄博	
	S231	张店—台儿庄	临沂	蒙阴	费县	蒙阴	沂源	
	S231	张店—台儿庄	临沂	费县	台儿庄	费县	蒙阴	
	S231	张店—台儿庄	枣庄	枣庄	台儿庄	枣庄	费县	
33	S232	张店—鲁村	淄博	淄博	鲁村	淄博	淄博	
34	S233	东风港—大高	滨州	无棣	大高	沾化	东风港	
35	S234	惠民—沂水	滨州	惠民	章丘			
	S234	惠民—沂水	济南	章丘	莱芜	章丘	惠民	

续上表

序号	道路编号	路线名称	地市	上行		下行		备注
				分段区间	远程信息选取	分段区间	远程信息选取	
35	S234	惠民—沂水	莱芜	莱芜	沂水	莱芜	章丘	
	S234	惠民—沂水	淄博	沂源	沂水	沂源	莱芜	
	S234	惠民—沂水	临沂	临沂	沂水	临沂	莱芜	
36	S235	高青—淄川	滨州	高青	邹平	高青	青城	
	S235	高青—淄川	滨州	邹平	淄川	邹平	青城	
	S235	高青—淄川	淄博	淄博	淄川	淄博	邹平	
37	S236	辛集—滨城	滨州	无棣	沾化	无棣	辛集	
	S236	辛集—滨城		沾化	滨州	沾化	辛集	
	S236	辛集—滨城				滨州	沾化	
38	S237	章丘—新泰	济南	章丘	泰安			
	S237	章丘—新泰	莱芜	莱芜	泰安	莱芜	垛庄	
	S237	章丘—新泰	泰安	莱芜泰安界—与S103 共线段终点	泰安	与G341 交叉口—泰安莱芜界	垛庄	
	S237	章丘—新泰		与S103 共线段终点—终点	放城	终点—与G341 交叉口	泰安	
39	S238	店子—韩庄	枣庄	山亭	枣庄	枣庄	山亭	
	S238	店子—韩庄		枣庄	韩庄			
	S238	店子—韩庄	济宁			微山	枣庄	
40	S239	乐陵—胡集	德州	乐陵	惠民	乐陵	乐陵	
	S239	乐陵—胡集	滨州	阳信	惠民	阳信	乐陵	
	S239	乐陵—胡集				惠民	乐陵	
41	S240	盐山—济南	德州	乐陵	商河	商河	乐陵	
	S240	盐山—济南	济南	商河	济阳	济阳	商河	
	S240	盐山—济南	济南	济阳	济南	济南	济阳	

续上表

序号	道路编号	路线名称	地市	上行		下行		备注
				分段区间	远程信息选取	分段区间	远程信息选取	
42	S241	临邑—徐州	德州	临邑	济阳			
	S241	临邑—徐州	济南	济阳	新泰	济阳	临邑	
	S241	临邑—徐州	莱芜	莱芜	新泰			
	S241	临邑—徐州	泰安	新泰	平邑	新泰	济阳	
	S241	临邑—徐州	临沂	平邑	枣庄	平邑	新泰	
	S241	临邑—徐州	枣庄	枣庄	台儿庄	枣庄	平邑	
	S241	临邑—徐州		台儿庄	徐州	台儿庄	枣庄	
43	S242	临邑—商丘	德州	临邑	禹城	禹城	临邑	
	S242	临邑—商丘		禹城	高唐			
	S242	临邑—商丘	聊城	高唐	聊城	高唐	禹城	
	S242	临邑—商丘		茌平	聊城	茌平	高唐	
	S242	临邑—商丘		聊城	阳谷	聊城	高唐	
	S242	临邑—商丘		阳谷	台前	阳谷	聊城	
	S242	临邑—商丘	濮阳	台前	郓城	台前	阳谷	
	S242	临邑—商丘	济宁	梁山	郓城	梁山	台前	
	S242	临邑—商丘	菏泽	郓城	巨野	郓城	台前	
	S242	临邑—商丘		巨野	成武	巨野	郓城	
	S242	临邑—商丘		成武	商丘	成武	巨野	
44	S243	泰安—梁山	泰安	泰安	肥城			
	S243	泰安—梁山		肥城	梁山	肥城	泰安	
	S243	泰安—梁山		东平	梁山	东平	肥城	
	S243	泰安—梁山	济宁			梁山	肥城	

续上表

序号	道路编号	路线名称	地市	上行		下行		备注
				分段区间	远程信息选取	分段区间	远程信息选取	
45	S244	汶上—金乡	济宁	汶上	嘉祥	嘉祥	汶上	
	S244	汶上—金乡		嘉祥	金乡	金乡	嘉祥	
46	S245	临清—博平	聊城	临清	博平	博平	临清	
47	S246	临清—邹城	聊城	临清	聊城	聊城	临清	
	S246	临清—邹城		聊城	汶上	东平	聊城	
	S246	临清—邹城	泰安	东平	汶上	汶上	聊城	
	S246	临清—邹城	济宁	汶上	兖州	兖州	汶上	
	S246	临清—邹城		兖州	邹城	邹城	兖州	
48	S247	临清—大名	聊城	临清	莘县			
	S247	临清—大名		冠县	莘县	冠县	临清	
	S247	临清—大名		莘县	范县	莘县	冠县	
	S247	临清—大名		范县	大名	范县	莘县	
49	S248	临清—观城	聊城	临清	冠县	冠县	临清	
	S248	临清—观城		冠县	范县	莘县	冠县	
	S248	临清—观城		莘县	范县	范县	冠县	
50	S249	魏庄—阳谷	聊城	莘县	阳谷	阳谷	莘县	
51	S250	曹县—商丘	菏泽	曹县	商丘	曹县	曹县	
52	S251	东明—民权	菏泽	东明	菏泽	东明	东明	
	S251	东明—民权		菏泽	民权	菏泽	东明	
	S251	东明—民权		定陶	民权	定陶	菏泽	
	S251	东明—民权		曹县	民权	曹县	菏泽	
53	S252	东明—兰考	菏泽	东明	兰考	东明	东明	

续上表

序号	道路编号	路线名称	地市	上行		下行		备注
				分段区间	远程信息选取	分段区间	远程信息选取	
54	S301	成山—初村	威海	威海	初村	威海	成山	
55	S302	成山头—威海	威海	威海	威海	威海	成山头	
56	S303	俚岛—李格庄	威海	威海	牟平	威海	俚岛	
	S303	俚岛—李格庄	烟台	烟台	牟平	烟台	俚岛	
57	S304	烟台—招远	烟台	烟台	龙口	烟台	烟台	
	S304	烟台—招远		烟台—与 S213 交叉口	招远	龙口	烟台	
	S304	烟台—招远		与 S213 交叉口—与 G228 交叉口（老 S206 相接）	G228			
	S304	烟台—招远		与 G228 交叉口（老 S206 相接）—招远	招远	招远	龙口	
58	S305	石岛—泽头	威海	威海	泽头	威海	石岛	
59	S306	海阳—莱州	烟台	海阳	莱州	栖霞	海阳	
	S306	海阳—莱州		栖霞	莱州	招远	海阳	
	S306	海阳—莱州		招远	莱州	莱州	海阳	
60	S307	小纪—莱州	烟台	海阳	莱阳	海阳	海阳	
	S307	小纪—莱州	烟台	莱阳	莱州	莱阳	海阳	
	S307	小纪—莱州	青岛	莱西	莱州	莱西	莱阳	
	S307	小纪—莱州	烟台			莱州	莱阳	
61	S308	烟台—栖霞	烟台	烟台	栖霞	烟台	福山	
62	S309	田横—高青	青岛	路线起点—青岛潍坊界	滨海开发区	青岛潍坊界—路线起点	田横	
	S309	田横—高青	潍坊	青岛潍坊界—潍坊东营界	高青	潍坊东营界—青岛潍坊界	田横	
	S309	田横—高青	东营	潍坊东营界—东营滨州界	高青	东营滨州界—潍坊东营界	滨海开发区	
	S309	田横—高青	滨州	东营滨州界—滨州淄博界	高青	滨州淄博界—滨州东营界	滨海开发区	
	S309	田横—高青	淄博	滨州淄博界—路线终点	高青	路线终点—滨州淄博界	滨海开发区	

续上表

序号	道路编号	路线名称	地市	上行		下行		备注
				分段区间	远程信息选取	分段区间	远程信息选取	
63	S313	日照—滕州	日照	东港	莒县	莒县	日照	
	S313	日照—滕州		莒县	沂南			
	S313	日照—滕州	临沂	沂南	蒙阴	沂南	莒县	
	S313	日照—滕州		蒙阴	平邑	蒙阴	沂南	
	S313	日照—滕州		平邑	滕州	平邑	蒙阴	
	S313	日照—滕州	济宁	邹城	滕州	邹城	平邑	
	S313	日照—滕州	枣庄	山亭	滕州	滕州	平邑	
64	S314	涛雒—汤头	日照	日照	汤头	日照	涛雒	
	S314	涛雒—汤头	临沂	临沂	汤头	临沂	涛雒	
65	S315	孤岛—阳信	东营	河口	利津	河口	孤岛	
	S315	孤岛—阳信		利津	阳信	利津	孤岛	
	S315	孤岛—阳信	滨州	滨州	阳信	滨州	利津	
	S315	孤岛—阳信				阳信	利津	
66	S316	寿光—高青	潍坊	寿光	广饶			
	S316	寿光—高青	东营	广饶	博兴	广饶	寿光	
	S316	寿光—高青	滨州	博兴	高青	博兴	广饶	
	S316	寿光—高青	淄博			高青	博兴	
67	S317	临朐—历城	潍坊	潍坊	博山	潍坊	临朐	
	S317	临朐—历城	淄博	淄博	仲宫	淄博	临朐	
	S317	临朐—历城	莱芜	莱芜	仲宫	莱芜	博山	
	S317	临朐—历城	济南	济南	仲宫	济南	博山	
68	S318	郯城—兰考	临沂	郯城	峄城	兰陵	郯城	
	S318	郯城—兰考		兰陵	峄城			

续上表

序号	道路编号	路线名称	地市	上行		下行		备注
				分段区间	远程信息选取	分段区间	远程信息选取	
68	S318	郯城—兰考	枣庄	峄城	薛城	峄城	郯城	
	S318	郯城—兰考		薛城	微山	薛城	峄城	
	S318	郯城—兰考	济宁	微山	鱼台	微山	薛城	
	S318	郯城—兰考		鱼台	成武	鱼台	微山	
	S318	郯城—兰考	菏泽	成武	曹县	成武	鱼台	
	S318	郯城—兰考		曹县	兰考	曹县	成武	
69	S319	临沂—鄄城	临沂	平邑	邹城			
	S319	临沂—鄄城	济宁	邹城	济宁	邹城	临沂	
	S319	临沂—鄄城		任城	嘉祥	任城	邹城	
	S319	临沂—鄄城		嘉祥	郓城	嘉祥	济宁	
	S319	临沂—鄄城	菏泽	郓城	鄄城	郓城	嘉祥	
	S319	临沂—鄄城				鄄城	郓城	
70	S320	山亭—留庄	枣庄	山亭	滕州	滕州	山亭	
71	S321	枣庄—梁山	枣庄	枣庄	滕州	滕州	枣庄	
	S321	枣庄—梁山		滕州	济宁	济宁	滕州	
	S321	枣庄—梁山	济宁	济宁	梁山	梁山	济宁	
72	S322	枣庄—欢城	枣庄	枣庄	欢城	枣庄	市中	
	S322	枣庄—欢城	济宁			济宁	枣庄	
73	S323	乐陵—馆陶	德州	乐陵	陵城			
	S323	乐陵—馆陶		临邑	陵城	临邑	乐陵	
	S323	乐陵—馆陶		陵城	平原	陵城	临邑	
	S323	乐陵—馆陶		平原	夏津	平原	陵城	
	S323	乐陵—馆陶		夏津	临清	夏津	平原	
	S323	乐陵—馆陶	聊城	临清	馆陶	临清	夏津	

续上表

序号	道路编号	路线名称	地市	上行		下行		备注
				分段区间	远程信息选取	分段区间	远程信息选取	
74	S324	宁津—武城	德州	宁津	德州	德州	宁津	
	S324	宁津—武城		德州	武城	武城	德州	
75	S325	齐河—聊城	德州	齐河	东阿	东阿	齐河	
	S325	齐河—聊城	聊城	东阿	聊城	聊城	东阿	
76	S326	泰安—商老庄	泰安	泰安	东平	肥城	泰安	
	S326	泰安—商老庄		肥城	东平	东平	泰安	
77	S327	巨野—鄄城	菏泽	巨野	鄄城	郓城	巨野	
	S327	巨野—鄄城		郓城	鄄城	鄄城	巨野	
78	S328	丰县—长垣	济宁	金乡	定陶	金乡	丰县	
	S328	丰县—长垣	菏泽	成武	定陶	成武	金乡	
	S328	丰县—长垣		定陶	长垣	定陶	金乡	
	S328	丰县—长垣		菏泽	长垣	菏泽	定陶	
	S328	丰县—长垣		东明	长垣	东明	定陶	
79	S329	青固集—庄寨	菏泽	起点—曹县县城	曹县	曹县城区—起点	青固集	
	S329	青固集—庄寨		曹县县城—终点	庄寨	终点—曹县县城	曹县	
80	S501	北长山—南长山	烟台	蓬莱	南长山	蓬莱	北长山	
81	S505	夏邱—土山	烟台	莱州	土山	莱州	夏邱	
82	S506	同三线日照连接线	日照	日照	G15 沈海高速公路	日照	青岛路（S220）	
83	S507	东营—利津	东营	起点—G18	利津	G18—起点	胜利机场	
	S507	东营—利津		G18—垦利	利津	垦利—G18	胜利机场	
	S507	东营—利津		垦利—利津	利津	利津—垦利	胜利机场	

续上表

序号	道路编号	路线名称	地市	上行		下行		备注
				分段区间	远程信息选取	分段区间	远程信息选取	
84	S508	田庄—广北农场	东营	田庄—农高区	S309	田庄—农高区	G516	
85	S509	青州—周村	潍坊	青州	王村	淄博	青州	
	S509	青州—周村	淄博	淄博	王村			
86	S510	泉头—王村	淄博	淄博	王村	淄博	龙泉	
87	S511	大口河—车镇	滨州	无棣	车镇	无棣	大口河	
88	S513	滕州—薛城	枣庄	滕州	枣庄	枣庄	滕州	
89	S514	木石—官桥	枣庄	滕州	官桥	滕州	木石	
90	S515	枣庄—薛城	枣庄	枣庄	薛城	枣庄	市中	
91	S512	日东线泗水连接线	济宁	泗水	尼山景区	泗水	泗水	
	S512	日东线泗水连接线		曲阜	尼山景区	曲阜	泗水	
92	S516	德州—石家庄	德州	德州	德州	德州	陵城	
93	S517	单县—虞城	菏泽	单县	虞城	单县	单县	
94	S518	砀山—单县	菏泽	单县	单县	单县	砀山	
95	S519	无棣—阳信	滨州	无棣	阳信	阳信	无棣	
96	S520	高唐—临清	聊城	高唐	临清	临清	高唐	

附录 D　各市地点距离计算基准点信息汇总表

附表 D　各市地点距离计算基准点信息汇总

地级市	区、县、县级市	地点距离计算基准点	备注
济南市	济南市区	济南市二环线	
	章丘区	章丘区政府	
	济阳区	济阳区政府	
	商河县	商河县政府	
	平阴县	平阴县政府	
	莱芜区	莱芜区政府	
	钢城区	钢城区政府	
淄博	淄博市区	淄博市市政府（人民西路 8 号）	
	淄川区	淄川区政府	
	博山区	博山区政府	
	临淄区	临淄区政府	
	周村区	周村区政府	
	桓台县	桓台县政府	
	高青县	高青县政府	
	沂源县	沂源县政府	
枣庄	枣庄市区	枣庄市市政府（枣庄市薛城区光明大道 2621 号）	
	薛城区	薛城区区政府（山东省枣庄市薛城区永福中路 2 号）	
	市中区	市中区区政府（枣庄市市中区君山中路 321 号）	
	峄城区	峄城区区政府（山东省枣庄市峄城区坛山路 166 号）	
	山亭区	山亭区区政府（枣庄市山亭区府前路 13 号）	
	台儿庄区	台儿庄区区政府（枣庄市台儿庄区金光路 75 号）	
	滕州市	滕州市市政府（枣庄市滕州市北辛中路）	
东营	东营市区	东营市政府	
	广饶县	广饶县政府	
	利津县	利津县政府	
	河口区	河口区政府	
	垦利区	垦利区政府	

续上表

地级市	区、县、县级市	地点距离计算基准点	备注
烟台	烟台市区	烟台汽车总站	
	牟平区	牟平区政府	
	养马岛	养马岛风景区	
	长岛县	长岛县政府	
	龙口市	龙口市政府	
	莱阳市	莱阳市政府	
	莱州市	莱州市政府	
	蓬莱市	蓬莱市政府	
	招远市	招远市政府	
	栖霞市	栖霞汽车站	
	海阳市	海阳市政府	
潍坊	潍坊市区	东环：潍安路，西环：西环路（S223 滨九线），南环：原 S805 潍胶线，北环：原 S323 潍高线	中心环线
	临朐县	临朐县政府	
	昌乐县	昌乐县政府	
	青州市	青州市政府	
	诸城市	诸城市政府	
	寿光市	寿光市政府	
	安丘市	安丘汽车站	
	高密市	高密市政府	
	昌邑市	昌邑市政府	
	滨海经济技术开发区	管委会	
	峡山生态经济发展区	管委会	
济宁	济宁市区	济宁外环线（任城大道、G237、G327）	
	兖州区	兖州区区政府	
	微山县	微山县县政府	
	鱼台县	鱼台县县政府	
	金乡县	金乡县县政府	
	嘉祥县	嘉祥县县政府	
	汶上县	汶上县县政府	
	泗水县	泗水县县政府	
	梁山县	梁山县县政府	
	曲阜市	曲阜市市政府	
	邹城市	邹城市市政府	

续上表

地级市	区、县、县级市	地点距离计算基准点	备注
泰安	泰安市区	泰安市政府	
	新泰市	新泰市政府	
	肥城市	肥城市政府	
	宁阳县	宁阳县政府	
	东平县	东平县政府	
威海	威海市区	威海市市政府	
	荣成市	荣成市市政府	
	乳山市	乳山市市政府	
日照	日照市区	日照市政府	
	五莲县	五莲县政府	
	莒县	莒县县政府	
临沂	临沂市区	临沂市政府	
	郯城县	郯城县政府	
	兰陵县	兰陵县政府	
	莒南县	莒南县政府	
	沂水县	沂水县政府	
	蒙阴县	蒙阴县政府	
	平邑县	平邑县政府	
	费县	费县政府	
	沂南县	沂南县政府	
	临沭县	临沭县政府	
德州	德州市区	德州市市政府（经济开发区）	
	宁津县	宁津县政府	
	庆云县	庆云县政府	
	临邑县	临邑县政府	
	齐河县	齐河县政府	
	平原县	平原县政府	
	夏津县	夏津县政府	
	武城县	武城县政府	
	乐陵市	乐陵市政府	
	禹城市	禹城市政府	
聊城	聊城市区	聊城市外环线（东外环路、南外环路、西外环路、北外环路）	
	临清市	临清市人民政府	
	茌平县	茌平县人民政府	
	东阿县	东阿县人民政府	

续上表

地级市	区、县、县级市	地点距离计算基准点	备注
聊城	冠县	冠县人民政府	
	高唐县	高唐县人民政府	
	阳谷县	阳谷县人民政府	
	莘县	莘县人民政府	
滨州	滨州市区	滨州市政府驻地	
	博兴县	博兴县政府驻地	
	惠民县	惠民县政府驻地	
	阳信县	阳信县政府驻地	
	无棣县	无棣县政府驻地	
	邹平市	邹平市政府驻地	
菏泽	菏泽市区	菏泽市政府	
	定陶区	定陶区政府	
	巨野县	巨野县政府	
	曹县	曹县县政府	
	成武县	成武县政府	
	单县	单县县政府	
	郓城县	郓城县政府	
	鄄城县	鄄城县政府	
	东明县	东明县政府	

参考文献

［1］中华人民共和国国家标准. GB 5768.1～3—2009　道路交通标志和标线［S］. 北京：中国标准出版社，2009.

［2］中华人民共和国行业标准. JTG D81—2017　公路交通安全设施设计规范［S］. 北京：人民交通出版社股份有限公司，2017.

［3］中华人民共和国行业标准. JTG D82—2009　公路交通标志和标线设置规范［S］. 北京：人民交通出版社，2009.

［4］中华人民共和国行业标准. JTG B01—2014　公路工程技术标准［S］. 北京：人民交通出版社股份有限公司，2014.

［5］交通运输部办公厅印发《国家公路网交通标志调整工作技术指南》的通知（交办公路〔2017〕167号）.

［6］刘会学，等. 公路交通标志和标线设置手册［M］. 北京：人民交通出版社，2009.